A REVOLUÇÃO DAS STARTUPS

O novo mundo do empreendedorismo de alto impacto

bruno perin

A REVOLUÇÃO DAS STARTUPS

O novo mundo do empreendedorismo de alto impacto

ALTA BOOKS
EDITORA
Rio de Janeiro, 2016

A Revolução das Startups — O novo mundo do empreendedorismo de alto impacto

ISBN: 978-85-7608-953-7

Impresso no Brasil — Edição revisada conforme Acordo Ortográfico da Língua Portuguesa de 2009.

Produção Editorial
Editora Alta Books

Gerência Editorial
Anderson Vieira

Produtor Editorial
Thiê Alves

Assistente Editorial
Juliana de Oliveira

Supervisão Editorial (Controle de Qualidade)
Sergio de Souza

Supervisão Editorial (Gráfica)
Angel Cabeza

Design Editorial
Aurélio Corrêa

Marketing Editorial
marketing@altabooks.com.br

Gerência de Captação e Contratação de Obras
J. A. Rugeri
Marco Pace
autoria@altabooks.com.br

Vendas Atacado e Varejo
Daniele Fonseca
Viviane Paiva
comercial@altabooks.com.br

Ouvidoria
ouvidoria@altabooks.com.br

Equipe Editorial
Carolina Giannini
Claudia Braga
Christian Danniel
Jessica Carvalho
Renan Castro
Silas Amaro

Revisão Gramatical
Iara Zanardo

Diagramação
Daniel Vargas

Layout
Aurélio Corrêa

Capa
Xodó

Erratas e arquivos de apoio: No site da editora relatamos, com a devida correção, qualquer erro encontrado em nossos livros, bem como disponibilizamos arquivos de apoio se aplicáveis à obra em questão.

Acesse o site www.altabooks.com.br e procure pelo título do livro desejado para ter acesso às erratas, aos arquivos de apoio e/ou a outros conteúdos aplicáveis à obra.

Suporte Técnico: A obra é comercializada na forma em que está, sem direito a suporte técnico ou orientação pessoal/exclusiva ao leitor.

Dados Internacionais de Catalogação na Publicação (CIP)

P445r Perin, Bruno.
A revolução das startups : o novo mundo do empreendedorismo de alto impacto / Bruno Perin. – Rio de Janeiro, RJ : Alta Books, 2015.
192 p. : il. ; 24 cm.

Inclui bibliografia.
ISBN 978-85-7608-953-7

1. Startups. 2. Empresas novas. 3. Empreendedorismo. 4. Inovação. 5. Concorrência I. Título.

CDU 658.11
CDD 658.11

Índice para catálogo sistemático:
1. Startups 658.11
2. Empresas novas 658.11

(Bibliotecária responsável: Sabrina Leal Araujo – CRB 10/1507)

ALTA BOOKS
EDITORA

Rua Viúva Cláudio, 291 — Bairro Industrial do Jacaré
CEP: 20970-031 — Rio de Janeiro
Tels.: 21 3278-8069/8419
www.altabooks.com.br — e-mail: altabooks@altabooks.com.br
www.facebook.com/altabooks — www.instagram.com/altabooks

Dedicado a:

Vinícius Montardo Rosado, meu melhor amigo, anjo e herói.

Desenho feito por Matheus Silva Smidt em homenagem ao Vinícius Montardo Rosado

SUMÁRIO

PARTE I

Uma geração com ambição de fazer a diferença, mas que não sabia onde...... 1
Como assim uma revolução? 7
Mas, afinal, o que são startups? 10
Chuva de ideias 17
O que é tão divertido nas startups? 19
O ambiente das startups –
Por que seus escritórios parecem a casa da mãe Joana? 21
Eles vão roubar a minha ideia? 24
Quanto vale a minha ideia? 27
Os três conceitos mais famosos e usados pelas startups 31
Chuva de ideias 37

PARTE II

Os cinco passos básicos para criar startups 39
A equipe e o Mashup Knowledge 51
Chuva de ideias 52
Não vai ser fácil 53
Virando gente grande – O momento de se transformar em empresa 55
Você pode promover antes de produzir 56
As redes sociais e as startups 59
O pitch matador 63
A concorrência começou a chegar... 64
Os cinco maiores mitos das startups 66
Chuva de ideias 68
Desafio das startups 69

PARTE III

O que é um ecossistema de startups? 71
Quem se beneficia com as startups? 77
Os melhores ecossistemas do mundo 80
outros ecossistemas no Brasil 86
Por que a maioria dos ecossistemas falha? 88
O que você nem imagina que está acontecendo 91
As startups e a mídia 93
As cidades inteligentes 94

O meio ambiente com as startups 98
Chuva de ideias 100

PARTE IV

O que são os investidores Seed, Anjo e Venture Capital? 101
O que são incubadoras, aceleradoras e parques tecnológicos? 107
As competições e eventos das startups no Brasil 112
E como são as competições? 116
Como as empresas estão lidando com as startups 118
Chuva de ideias 121
Desafio das startups 123

PARTE V

Os sintomas do empreendedorismo de startups 125
O primeiro passo 130
Como você pode aprender mais sobre startups? 133
Chuva de ideias 136

PARTE VI

Um caminho sem volta 139
Como me preparar para o que está vindo 143
Chuva de ideias 144
Desafio das startups 146
As últimas palavras para você fazer a diferença 146
Até breve 149
Agradecimentos 151
Pessoas que participaram no conteúdo do livro 152

EXTRAS

Conheça o nosso dialeto 153
Lista de aceleradoras 157
Lista de ventures capital 158
Principais entidades 161
Lista de coworkings 164
Bibliografia 167
Índice 171

PREFÁCIO

Este livro do Bruno Perin é muito importante. Há muitas obras sobre startups, mas há poucas sobre ecossistemas de Startups. O autor contribui criticamente com este livro, e portanto, presta um serviço ao mundo. Por que os ecossistemas são importantes? Startups estão indo e vindo. No entanto, os ecossistemas que auxiliam à inovação são maiores do que qualquer uma startup individual, podendo perdurar por um longo tempo.

O Vale do Silício, por exemplo. A cada década, as pessoas dizem que a festa nesta região acabou, que o fim chegou. E a cada década, também, outro boom acontece. Ao mesmo tempo em que as startups podem gerar riquezas para alguns indivíduos, os ecossistemas podem gerar fortuna para a sociedade, de novo e de novo. Os ecossistemas são para as startups o que a Amazônia é para o mundo animal, são a fonte suprema da vida econômica.

O Brasil possui grandes chances em construir um ecossistema líder mundial em inovação. Possui capital, talento, recursos e desejo. A oportunidade é imensa. Entretanto, para realizar este potencial, não pode seguir as regras da economia do século passado. O Brasil deve escrever as novas regras do jogo. O velho jogo — onde as pessoas criavam a riqueza econômica através da gestão de cima para baixo de ativos e realizavam a construção da infraestrutura tangível, já não é mais suficiente. Todo mundo conhece o novo jogo, baseado em uma "estrutura invisível". Cultura, verdade, conexões, diversidade, ambição e risco — estes são os blocos da construção da nova economia. Eles nos levam para a criação sustentável de empresas inovadoras, produtos, soluções e empregos com altos salários.

O novo jogo já começou, mas a maior parte do mundo não sabe disso ainda. Então, esse é o melhor momento para iniciar. Junte-se a nós para ajudar a projetar e construir o ecossistema empreendedor. Você não está apenas criando riqueza para si e para as pessoas ao seu redor, está ajudando a moldar o futuro do mundo.

E como você está perseguindo fortuna na nova economia, lembre-se que a inovação é alimentada por certos valores. Apertos de mão são mais duráveis do que contratos. O altruísmo é mais eficiente do que o egoísmo. E as coisas tolas, como confiança, sonhos e amor... realmente podem alimentar o mundo.

Victor W. Hwang
— a maior referência em ambientes de startups do mundo, autor do livro "The Rainforest".

PREFÁCIO

O mundo está repleto de transformações. Tanta coisa aconteceu nos quase últimos 30 anos, desde que me tornei um capitalista de risco. No entanto, acredito que nos próximos 10 anos, veremos mudanças maiores. Em retrospecto, era óbvio que as startups teriam um grande impacto no mundo, desafiando instituições que eram o alicerce da minha juventude.

Os correios seriam desafiados por dois rapazes de 26 anos de idade: Sabeer Bhatia e Jack Smith, que dariam o e-mail gratuito para o mundo (a proposta se espalharia ainda mais com a minha ideia de "marketing viral"). A companhia telefônica seria transformada por Niklas e Janus Fries, dois técnicos que foram considerados "fora da lei" nos Estados Unidos, porque desafiaram a indústria da música, com uma empresa chamada Kaaza. Para tal, utilizaram um par original Napster, que permitia o compartilhamento de arquivos.

A indústria automobilística seria forçada a encarar o fato de que um recém-chegado, Tesla, com a tecnologia criada por Martin Eberhard e o tino comercial de Elon Musk, seria capaz de superar seus carros, em quase todos os recursos, usando baterias de íon de lítio, em vez de motores a gás. A biblioteca e a Publicidade seriam desafiadas por pesquisas na internet, criadas por Jerry Yang e David Filo, com um modelo de negócios de buscas pagas, desenvolvido por Bill Gross.

Mas, mudanças em setores ainda maiores, dominados pelos mesmos monopólios arraigados, estavam se concretizando. O banco está sendo desafiado por Bitcoin, em muitos aspectos de seu negócio. Bitcoin é mais líquido que uma moeda e, no entanto, pode ser usado mais eficientemente do que dólares em remessas de varejo e em pequenos desembolsos.

Na área de captação e empréstimo, duas empresas inovaram: Prosper e Lendkey, identificando que um credor e um devedor não precisavam viajar para um mesmo lugar físico, para encontrarem-se. O que é conhecido com um hospital hoje, será diferente no futuro. Startups com médicos viajando como motoristas Uber, para fazer chamadas de casa. As pessoas tomarão controle de sua saúde, através do conhecimento avançado, uso vestimentas e big data. Uma empresa começa com uma menina de 19 anos, que abandona a universidade de Standford, e cria a companhia Theranos. Empreendimento que muda a forma como o sangue é extraído, testado e registrado no mundo.

Acredito que o governo tem em mãos, uma transformação. Com o advento das redes sociais, estão em foco, como evidenciado nas revoltas da Tunísia e do Egito. Não somente isso, mas, em minhas conversas com o ministro da Estônia, eu aprendi que, ao instituir assinaturas digitais, os estonianos salvam 2% do seu PIB em eficiência. Ainda, as votações digitais, trouxeram a maior participação de jovens nas eleições. Eles também possuem identidades digitais e instituíram um programa de residência virtual para estrangeiros, interessados em fazer negócios em seu país. Sim, os governos também serão transformados, ou enfrentarão grande concorrência das Startups. Em termos, seus serviços não serão mais uma contradição.

O futuro é brilhante para os empresários e para todos nós, como um todo. Estas transformações das startups estão levando a sociedade a ser mais democrática, transparente, honesta, eficiente e mais saudável do que nunca. Com as startups, tudo e possível. Qualquer coisa imaginada, é provável de realmente acontecer.

Tim Draper
— um dos maiores investidores do mundo em startups

QUEM DEVE LER ESTE LIVRO?

Este livro foi cuidadosamente desenvolvido para lhe dar uma base consistente sobre o universo das startups e fazer com que você compreenda o porquê dessa grande revolução e seus impactos no mundo.

Também será útil para que você saiba onde elas estão inseridas, como são formadas e o que realmente podem fazer pelo planeta, além de compreender como conseguem combinar todas as áreas, como cidades, universidades e organizações.

Quando se fala em startups, é natural que existam pessoas querendo entender o conceito básico somente para não se sentirem alienadas, assim como outras que se interessam justamente por ser um fenômeno que está causando tanto impacto no mundo hoje.

Passada essa breve contextualização, espero que, com a leitura deste livro, você possa tirar o maior proveito para fazer a diferença e deixar o seu grande marco no mundo, transformando suas ideias em realidade por meio das startups e assim não se sentindo "por fora" dessa nova realidade. Vamos aos nossos astros do livro e como fazer para aproveitá-lo melhor:

Profissionais do mercado

Tanto os que estão inseridos no mundo corporativo e, portanto, precisam entender os movimentos do mercado e suas inovações quanto aqueles que são empreendedores e devem estar atentos às nuances do mundo dos negócios.

As startups vêm com um novo conceito: velocidade no desenvolvimento de modelos de negócio. Se estamos na era em que inovar é sinônimo de sobrevivência, nada melhor que aprender com os especialistas no assunto.

A organização tradicional pode utilizar dos conhecimentos das startups para tê-las como fornecedoras ou como clientes. Com o tempo, a organização pode até pensar em adquirir aquele negócio, com suas tecnologias e talentos.

Muitas das inovações das empresas virão de fontes externas e não mais internas, pois as corporações têm vícios e crenças estabelecidos, sendo capazes de melhorar, mas raramente de inovar. O que as startups trazem de fora causa grande impacto e revoluciona internamente as corporações.

Jovens de idade ou de espírito

Principalmente para os alunos de ensino médio e superior, é fundamental entender sobre startups e o porquê dessa nova realidade do mercado e seus novos modelos de negócios, pois precisam estar cientes do que enfrentarão logo mais, adaptando-se rapidamente.

A nova geração precisa entender que existe a possibilidade de já saírem empreendedores, com startups de grande valor e atuando naquilo que acreditam, seguindo os seus propósitos. Mas por que esperar concluir os estudos para causar um impacto positivo no mundo? Por que não fazer a diferença agora mesmo?

Por mais distintas que venham a ser as opções de carreiras, seja em cargo público ou corporações, empreendimentos, pesquisas, enfim, tudo está relacionado com as startups. Se souberem como tirar o melhor proveito disso, poderão ter um crescimento profissional sustentável e a certeza de sucesso garantido no futuro.

E para os jovens de espírito, que buscam novas experiências e explorar as potencialidades do mercado com todas as ferramentas de hoje, este livro é ótimo para entender mais esse contexto em que está entrando. Detalhe: não ache que, por ser da melhor idade, tem pouca gente envolvida. Estudos mostram um número grande de pessoas mais experientes que estão querendo empreender; alguns falam que pode até ser tanto quanto os jovens.[1]

Pessoas em cargos públicos

Atualmente, as startups são um dos principais meios de inovação tanto na esfera privada quanto na pública, seja no ambiente de trabalho, ao auxiliar em uma melhor gestão e deixar os processos menos burocráticos, seja na resolução de grandes problemas da sociedade, como melhorias na qualidade de vida e na organização de recursos.

São elas que, através de ideias inovadoras, por vezes extremamente simples, fazem mudanças com pouco dinheiro que bilhões de dólares e muitas pessoas não conseguiram. Não existe ambiente em que elas não possam atuar e, mesmo com pouco investimento, trazem resultados estrondosos onde estão inseridas.

Professores

É essencial entender a respeito de startups, porque são responsáveis por transmitir e estimular o aprendizado dos alunos. Entretanto, acredito que as próprias universidades e faculdades devem também participar do processo, incentivando tanto os professores quanto os alunos.

---

1 http://www.entrepreneur.com/article/244449

Claro que cabe ao estudante buscar maiores informações e estar atento ao mercado, mas o professor deve ser quem o aluno tem como referência, quem o incentiva a se desafiar e mostra as infinitas possibilidades desse novo universo, colaborando na formação dos futuros profissionais.

Os professores são uma "máquina" de pesquisa incrível. Imagine conseguir levar a importância das suas descobertas para fazer a diferença na humanidade. O meio mais rápido e adequado de realizar isso seria pelas startups, que, em um piscar de olhos, conseguiriam testar e verificar a usabilidade e o impacto do que fosse desenvolvido.

POR QUE EU POSSO TE AJUDAR NESSA JORNADA?

Há cerca de cinco anos, comecei a notar os primeiros movimentos, e aquilo tudo me chamou a atenção: empresas que surgiam do nada e mudavam realidades com uma forma diferente de agir. Fiquei muito instigado para saber e conhecer melhor tudo aquilo.

A curiosidade, contudo, não foi daquelas comuns que você simplesmente diz: "Ok, vamos entender o que é isso, então". Foi uma de dizer: "Eu quero mergulhar nisso, quero realmente ir a fundo, quero entender cada detalhe dessa nova forma de fazer negócios".

Assim, fui me aprofundando nesse universo por meio de leituras, frequentando os poucos eventos que falavam sobre o tema, trocando ideias, tirando dúvidas e, inclusive, entrevistando os principais startupers[2] do país.

Com o passar do tempo, comecei a repassar tudo o que aprendia para os amigos e, com isso, tornei-me um ponto de referência para outras pessoas, que passaram a pedir opiniões, trocar ideias e até mesmo me convidar para participar do início de seus negócios.

Passei a desenvolver algumas ideias na prática, participar mais e ajudar insights (isto é, ideias) a virem para a realidade. Fiz investimentos em alguns negócios que deram certo e outros que não, mas todos ajudaram a aumentar a minha consistência no assunto.

---

2 Uma das formas de chamar os empreendedores de startups.

O ponto de virada foi quando li, em 2011, o livro de Tony Hsieh[3], "Satisfação Garantida", que fala sobre os novos negócios e a cultura que ele havia desenvolvido. A ideia de pessoas criando negócios incríveis de um jeito divertido, que mais parecia o lazer combinado com o trabalho, e com uma supervalorização do ser humano, que parecia mágica para mim. Tudo bem que eu já havia lido sobre o Vale do Silício e diversos outros lugares, mas aquilo em específico me chamou muito mais a atenção.

A partir daí, decidi me aprofundar, conhecendo os polos de startups da América para entender de perto como eles funcionavam e descobrir por quê surgiam vários negócios lá. Se a comunidade era mais propícia a isso, as startups tinham mais sucesso e as pessoas pareciam mais felizes trabalhando, bem como o que tinham de especial e diferente.

Conhecer o melhor de cada lugar e identificar como eles funcionam, o que era e não era realidade, deu-me condições para entender como é que funciona a implantação de um ambiente de startup, quais os principais fatores de sucesso, entre outras dúvidas que eu tinha e que muitas pessoas ainda possuem.

Hoje, faço dezenas de palestras anualmente, e dissemino e fomento o universo das startups para jovens e adultos, sendo que mais de 5,5 milhões de pessoas tiveram acesso aos meus conteúdos na web e de forma presencial. Isso me possibilitou estar em contato com muita gente, notar suas maiores dúvidas, o que as deixavam curiosas...

Toda essa jornada, combinada entre entender os maiores questionamentos das pessoas sobre o tema e tudo o que elas poderiam aprender e precisar sobre esse universo, despertou-me uma vontade incontrolável de:

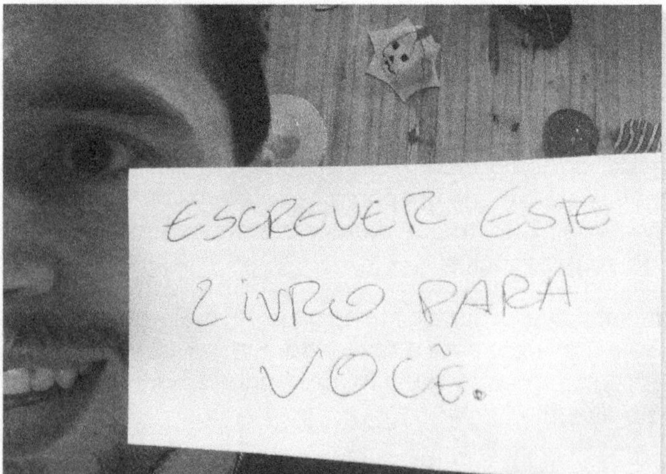

[3] Terceiro maior empreendedor da atualidade, meu ídolo maior no mundo dos negócios e CEO da Zappos.

O QUE VOCÊ DEVE SABER ANTES DE LER O LIVRO?

A única segurança que você pode ter no mundo dos negócios é que as coisas sempre mudarão, independente da sua vontade. Fazer sempre as mesmas ações e ser previsível ao mercado só dará chances para ser atropelado pelos muitos outros profissionais que estão inovando e buscando o novo. Veja a seguir um caso simples que ilustra essa afirmação.

A Blockbuster foi uma empresa construída com muito trabalho e dedicação de seus profissionais até virar um grande império que locava VHS e DVD. A empresa tinha um dos melhores marketings, considerados "os caras" do mercado.

Foram muitos anos para construir tudo isso e, em pouco tempo, não acompanhando as necessidades da sociedade, foram deixados para trás pela Netflix, empresa que disponibilizava filmes em plataforma online por uma mensalidade muito baixa.

A Blockbuster, por achar que era uma moda, sentia-se segura com seus milhões de clientes e seu império. E, quando a Netflix começou a crescer, achou que as coisas ocorreriam lentamente, mas esta veio como um furacão, sem pedir licença e devorando o mercado de forma extremamente rápida.

A revolução digital e das startups, com novos modelos de negócio, tinha vindo para ficar e milhares de pessoas se tornaram adeptas a isso. Ou seja, a Blockbuster perdeu de vez o seu lugar no mercado e foi massacrada pela Netflix, que virou um gigante, dominando o mercado de filmes e seriados.

E agora você deve pensar: a Netflix é dona, hoje, do mercado, não tem como cair e ser derrubada por uma grande concorrência, está segura. Aí é que você se engana. Ninguém está seguro, se não souber dançar nesse universo das startups.

A empresa Popcorn Time, por exemplo, vem com um novo estilo de negócio e uma nova forma de ver filmes e seriados: enxergou tendência na gratuidade. E, assim, a Netflix já começou a sentir um forte impacto de algo que mal viu chegar.

O que eu realmente quero mostrar é que, se nem a Netflix, considerada um grande império hoje, está 100% segura no mercado, imagine o resto. E o que a gente aprende sobre o mundo das startups é que tudo está em constante transformação, criação e geração de mudanças cada vez mais rápidas.

Você deve estar ciente de que **idade e experiência não importam mais tanto**. Aposto que já ouviu histórias de crianças que tiveram uma ideia simples que caiu no gosto da galera e se transformaram em gigantes negócios. Seja por terem feito uma boa estratégia ou por possuírem bons mentores, elas também estão no mercado.

Coisas inacreditáveis surgiram, como o Waze, que veio para ajudar no trânsito, ou o Airbnb, na área de locação de residências, influenciando o turismo em tantos lugares. A lista é imensa e não para de aumentar, com tudo o que está revolucionando a nossa vida para melhor! Você deve aproveitar tudo isso para obter vantagem, sair na frente e se beneficiar com o que está acontecendo, em vez de ficar aí parado e com medo de todas essas grandes mudanças, já que elas vão acontecer mesmo.

OUTRA COISA QUE VOCÊ TAMBÉM DEVE SABER...

Este livro não tem como objetivo ensinar detalhadamente como montar uma startup, visto que existem vários manuais para isso. O propósito é falar de um jeito diferente sobre todo esse universo e, na parte da criação, falar dos princípios gerais com muita consistência, desenvolvido através de diversas experiências, entrevistas e pesquisas, feitas com muita dedicação e carinho.

Empreender é o nome da ação que transforma ideias em realidade.

No final do livro, tem um dicionário com as principais palavras e conceitos utilizados pelas Startups.

PARTE I

Uma geração com ambição de fazer a diferença, mas que não sabia onde.

"A busca cega por dinheiro é a jornada dos tolos."

— Tim Ferris

Conheça cada geração

Baby Boomers

Pessoas nascidas entre 1940 e 1960

Visão geral

Nasceram no fim ou após a Segunda Guerra Mundial e foram educados com muita disciplina e rigidez

Visão profissional

Demonstram lealdade e compromisso com a empresa e valorizam a ascensão profissional

Geração X

Pessoas nascidas entre 1960 e 1980

Visão geral

Presenciaram fatos históricos importantes e foram marcados por movimentos revolucionários

Visão profissional

Valorizam o trabalho e estabilidade financeiras. São independentes e empreendedores

Geração Y

Pessoas nascidas entre 1980 e 2000

Visão geral

Nasceram em um período de prosperidade econômica e acompanharam a revolução tecnológica

Visão profissional

Consideram o trabalho uma fonte de satisfação e de aprendizado e buscam equilíbrio entre a vida pessoal e profissional

Fonte: site sociedade brasileira de coaching.
http://www.sbcoaching.com.br/blog/comportamento/infografico-conflitos-de-geracoes-no-ambiente-de-trabalho/

	Baby boomers	Geração X	Geração Y
Postura profissional	Os profissionais dessa geração consideram o trabalho sua principal prioridade	São experientes e dedicados	Possuem elevada autoestima e são comprometidos com seus valores
Posição na empresa	Têm dificuldade de lidar com a perda de status	Temem ser demitidos ou perder espaço para geração Y	Impulsivos, enfrentam sem medo posições de poder
Foco no trabalho	São competitivos e focam em resultados	São comprometidos com os objetivos da empresa	São fascinados por desafios e querem fazer tudo à sua maneira
Relação com a liderança	Acreditam que liderar é o mesmo que comandar e controlar	Costumam valorizar competências quando assumen a liderança	Com perfil "multitarefa", odeiam burocracia, controle e atividades rotineiras
Qualidade de vida	Não se preocupam muito com a qualidade de vida	Equilibram vida pessoal e profissional	Gostam de ter horários flexíveis e usar roupas informais
Tecnologias	Têm dificuldades com novidades tecnológicas	Aprenderam a lidar com tecnologia na adolescência	Vivem em rede e são "nativos digitais"

Nos quadros anteriores, você pode notar as diferenças entre as gerações existentes até agora, como elas funcionam, suas características e suas principais contribuições ao mundo.

O conteúdo da pesquisa Box1824 me chamou a atenção, pois eles revelaram suas descobertas através de um vídeo chamado ***We All Want to be Young***[1]. Esse material retrata bem o que todos nós gostaríamos: manter-se jovem para sempre. Se você está curioso, vá assistir e depois volte, pois vale a pena. Ele mostra toda essa ânsia dos jovens, porque ser jovem é bacana, é sexy, é ousado, é quebrar paradigmas, enfim, são inúmeras as coisas que eles podem e se permitem fazer.

No entanto, o que realmente chama a atenção nessa questão de ser jovem é que ela causa o maior impacto no mundo. É o que determina grandes tendências e dita a maioria das regras daquilo que ainda vai acontecer. O jovem impacta a sua geração, influencia as pessoas que são mais novas do que ele e inspira os adultos e os idosos. Ou seja, a juventude é a geração que define o rumo para onde as coisas estão indo. O grande detalhe aqui é que cada uma dessas gerações descritas nos quadros tomaram decisões, causaram mudanças e fizeram grandes revoluções no mundo.

Mario Sergio Cortella relata que, durante muitas décadas, a geração foi definida como aquela que sucedeu seus pais. Portanto, calculava-se geração com um tempo de 25 anos. A questão é que, nos últimos 50 anos, tivemos uma aceleração do tempo, o modo de fazer as coisas, a maneira de produzir mudou e a tecnologia se tornou decisiva para criar marcas. Com isso, o intervalo entre duas gerações tornou-se de 10 anos.[2]

Diferentes, sim, mas não apenas pelos seus contextos genealógicos e históricos. Elas também se diferenciam por suas características e um jeito personalizado de ser. Cada geração trouxe uma nova forma de agir e novas maneiras de pensar, bem como ditou tendências que estão presentes até hoje no nosso dia a dia. Elas fizeram e guiaram toda uma população a evoluir, definindo a história e aquilo que ainda está acontecendo.

Veja a geração Baby Boomers, ditos como *workaholics*. Eles presenciaram o fim da guerra, eram jovens quando começou a ditadura militar e foram a geração da Jovem Guarda, da bossa-nova, do tropicalismo e dos festivais de rock. Tiveram uma educação rígida, disciplinadora, baseada em obediência. São pessoas que não se abrem muito para questionamentos e colocam a carreira acima de tudo.

---

1 https://www.youtube.com/watch?v=c6DbaNdBnTM

2 https://www.youtube.com/watch?v=XayhOoFZ2zc

A Geração X, por outro lado, assistiu as Diretas Já, pintou a cara para trocar o presidente e veio com uma mudança muito mais forte com o movimento hippie, buscando liberdade, começando a empreender um pouco mais no trabalho, com a mulher se inserindo fortemente no ambiente profissional, um dos maiores impactos de todos os tempos.

A Geração Y cresceu em um país onde já havia democracia, com economia aberta. Essa é a geração da qual faço parte e, por isso, consigo falar com mais embasamento. É uma geração muito mais consciente de que temos de cuidar do planeta, pois nossos recursos são limitados, como já estamos vendo com a questão da água. Também nos preocupamos muito com a sustentabilidade e a forma de consumo. A internet veio junto e estamos conectados com o mundo a todo momento.

Essa geração nasceu com um novo olhar sobre o mundo e um senso de propósito muito grande, mas diferente das demais, e até pouco tempo atrás não tinha muita clareza de qual seria ele, de fato. É uma geração que assume riscos para atingir seu objetivo, porque acredita que sua ideia pode acontecer. Óbvio que as características, em si, de como a geração se comporta estão muito claras e notórias, mas qual seria a grande contribuição?

Com um rufar dos tambores, notou-se que:

Essa é uma geração que está confortável em estar desconfortável... Também é reconhecida pelo desapego tanto social, mudando de amigos e tribos muito rápido, quanto nos relacionamentos amorosos.

No ambiente profissional, não busca tanto a estabilidade, mas sim o prazer. Hoje, é possível fazer várias coisas e se dedicar às suas verdadeiras paixões. O trabalho deixou de ser algo ruim, chato e pesado para se transformar em algo legal.

Em específico sobre a Geração Y, o principal impacto será citado agora. Esta, ao menos para mim, é a grande revolução que eles causaram no mundo, o maior impacto que essa geração poderia ter feito, e que mudou drasticamente a maneira como você vive. É justamente **a revolução das startups**.

Uma nova geração vem aí. Eles nasceram em meados dos anos 90; vivem em um mundo globalizado, interconectado e extremamente tecnológico; sempre tiveram internet, celular e comunicação instantânea; e lidam com novidades a todo momento. O ritmo ditado pela tecnologia é decisivo para formar a personalidade da Geração Z. Eles estão chegando às universidades, mas já demonstram que vão ter um comportamento diferente no mercado de trabalho, pois são impacientes e buscam soluções rápidas.

O futuro não é o que você pensa, mas o que você faz.

COMO ASSIM UMA REVOLUÇÃO?

Justamente por essa necessidade e pela busca por um propósito maior não só para si, mas também para a sociedade como um todo, as startups vieram para revolucionar. O jovem, hoje, quer trabalhar em algo realmente impactante, que possa deixá-lo feliz e orgulhoso daquilo em que está envolvido, **fazendo algo para o bem**.

Por que a revolução das startups só ocorreu com essa geração, e não com as outras?

Porque a Geração Y notou e soube usar o grande potencial da internet. Assim, eles a utilizam como o meio mais rápido para expandir e testar suas ideias. Em questão de minutos, você consegue atingir milhões de pessoas no mundo todo. O que antes era visto como algo impossível, hoje é a nossa realidade.

A Geração Y é instigada o tempo todo a ser curiosa e criativa. Por essa natureza, tudo passou a ser questionado. E se existisse outra maneira de fazer? E se pudéssemos fazer melhor? E se conseguíssemos resolver esse problema? **#PartiuAgora**[3] (o que a Geração Y usaria para dizer "vamos fazer").

Você pode estar em um barzinho e, por exemplo, notar algo diferente ou um problema que atinge muitas pessoas, e ter uma ideia para a melhoria daquele local. O que você precisa? Apenas ter uma noção básica de programação, fazer algo simples e testar. Não sabe, chame um amigo. Não tem um amigo, ainda assim você pode aprender na internet, ou achar um software que possa lhe ajudar a construir o que quer. O meio mais rápido que você poderia utilizar para verificar isso é com o apoio da web.

Hoje em dia existem muitos apps que estão mudando a nossa forma de viver e que surgiram dessa forma, por alguém ter se questionado sobre o porquê daquele grande problema e arranjado uma solução.

Startups estão de olho nos grandes problemas do mundo, nos maiores incômodos da sociedade. O jovem consegue enxergar o problema e propor soluções um tanto quanto malucas aos olhos de muitos, mas que, muitas vezes, bilhões de dólares ainda não resolveriam a questão.

Exemplo disso é o app Waze, que tem por finalidade ajudar na rota das pessoas até um determinado destino. Consequentemente, ele ajuda o trânsito, pois

---

[3] O símbolo # é usado para enfatizar uma ideia, normalmente algumas palavras escritas juntas em linguagem da internet. Outras vezes, é usado para determinar o assunto.

impede que carros sigam por vias congestionadas. Vários países já tentaram investir nesse grande problema de mobilidade urbana e não obtiveram êxito, e esse simples app causou mais impacto e ajudou mais gente do que bilhões investidos nesse setor. Em uma conversa com o criador, ele me confessou que não imaginava tamanho impacto e quantas consequências positivas traria, até mesmo com pessoas podendo ficar um pouco mais em casa e saindo mais tarde, pois poderão pegar melhores rotas e não demorar tanto para chegar ao trabalho – ou seja, também trouxe qualidade de vida! Uau! (Não se preocupe... Fiz um *high five*[4] com ele por você.)

É considerada a grande revolução essa nova maneira de se fazer negócio, ou seja, eles surgem da noite para o dia, de forma muito rápida, e, em pouco tempo, já ganham o mundo. Mudam a sua realidade, como, por exemplo, a comunicação passou a ser por WhatsApp, reuniões podem ser feitas por Skype, você pode conhecer o melhor vinho da sua vida no Evino, e pedir a pessoa amada em casamento em viagem organizada no Planedia.

Um milionário pode ser criado, hoje, em questão de dias, e não mais em anos como antigamente. Músicas, movimentos de liberdade, entre outros, ganharam esse Biotônico Fontoura misturado com Red Bull, gerando uma superimpulsão.

Aqui vale ressaltar que não existe mais essa de: **"Ah, eu vou trabalhar, mas só poderei abrir o meu negócio quando sair da faculdade, pois aí sim estarei 'preparado' para enfrentar o mercado".**

Não. Hoje em dia, muitas vezes, todo esse conhecimento nem é tão relevante para que o seu negócio possa vir para o mundo. Você só precisa ter uma ideia e jogá-la no mercado, testar e ir melhorando. Você tem que ver no que isso vai dar, e será a partir desses muitos testes que você descobrirá o seu real negócio. Quem sabe ele não venha a ser algo muito legal para o mundo e vire um business que mudará o jeito que nós vivemos hoje?

Esse grande senso de propósito alinhado à velocidade de lançamento dos novos negócios, a facilidade de disseminação e testes constantes de acertos e erros é que fizeram o que a gente chama de **revolução das startups**. Nada mais é ou será igual.

As startups trouxeram uma maior qualidade de vida para a humanidade. Todos os impactos são visíveis, sejam eles na melhoria da comunicação, na facilidade de aproximação das pessoas, na questão do trânsito, na segurança, enfim, temos hoje uma facilidade que, anos atrás, ninguém poderia prever que existiria e que não conseguimos mais viver sem.

---

[4] Saudação em que duas pessoas batem com a palma da mão uma na outra.

Muitas startups estão indo para os meios corporativos, ajudando em questões de inovação. Isso tudo tem auxiliado as empresas a ficarem mais enxutas e competitivas, justamente porque surgem esses novos negócios com características diferentes, que trouxeram para o mundo uma desburocratização, mais inovação e muita flexibilidade, o que não existia nessa escala.

A forma de trabalho das startups é totalmente diferenciada, o que agrada muito aos jovens, pois o lema aqui é: **"Vamos fazer acontecer, porém vamos nos divertir também"**. Elas nascem com esse conceito e essa ideia de velocidade e propósito muito grande, mas, ao mesmo tempo, de uma maneira mais divertida, pois temos de aproveitar a vida mesmo se estivermos trabalhando. Isso mudou o game dos negócios. Eu chamo isso de ser *Free LifeStyle*.[5]

E o melhor: essa nova "cultura de trabalho" acabou por ser disseminada também nas grandes organizações. Hoje, o normal é não vermos tantas barreiras (salas e paredes) nas organizações e em seus setores de trabalho. As pessoas estão mais em conjunto e fazendo combinações de talentos e conhecimentos, algo típico de startups. **#AbaixoAsParedes**

Ademais, com as startups, existe a qualidade de vida e a proximidade da família com o incentivo dos home offices, benefícios muito mais interessantes do que só o salário no final do mês. Elas também ajudaram muito na aproximação entre as pessoas. Afinal, as equipes ficaram mais unidas na busca de um propósito, caminhando todos na mesma direção.

Então, toda essa cultura de uma empresa inovadora, com esse jeito digital de ser e com um perfil diferente de pensar em negócios, revolucionou de vez a forma de trabalho. E aquele jeito engessado de antes não é mais aceito, ao menos pelos jovens. Muitos trabalhos ganharam uma nova cara, um jeito mais inspirador para incentivar as pessoas a produzirem cada vez mais e melhor, de forma criativa.

Note que, hoje, é quase impossível viver sem o celular e lembre que, antigamente, eles não existiam e as pessoas sobreviviam tranquilamente. No entanto, agora são tantas as funções em que o celular nos auxilia, com aplicativos facilitando o dia a dia, o que faz sermos muito mais organizados e dependentes do mesmo. Ou seja, você não vive hoje sem um monte de alternativas que vieram junto com as startups. Tudo isso tem sido a grande revolução das startups e é o que exploraremos juntos neste livro.

Começarei apresentando sobre a criação de uma startup, pois muitas pessoas têm interesse e curiosidade em saber os passos necessários para o nascimento delas, além de explorar os seus diversos ecossistemas.

---

[5] Entenda mais sobre esse conceito em www.freelifestyle.com.br/ahistoriadofreelifestyle/. É um texto longo.

Quero compartilhar com você todos os impactos, os ambientes que elas estão influenciando, como elas estão se conectando com o mundo e o que elas estão fazendo nos diferentes meios. E, por fim, citarei aqui os "sintomas de um empreendedor de startups", o impulsionando a verificar se você também está ou não no momento de empreender e criar coisas novas.

Quero que você termine o livro e diga: "Eu entendo de startups". E nós dois termos essa certeza. Sim, você não só sabe o que elas são, mas também todo o universo à sua volta e a causa disso no mundo. Que essa revolução seja usada a seu favor e que você consiga tirar proveito das tantas possibilidades existentes e não sofra apenas a consequência de tudo o que está acontecendo, por não ter a noção completa do contexto, como acontece com muitas pessoas.

Você tem duas opções sobre a revolução das startups: ou você faz parte dela, ou apenas sofre suas consequências.

MAS, AFINAL, O QUE SÃO STARTUPS?

Assim como o marketing, as startups surgiram com um conceito muito interessante, mas um tanto quanto difícil de ser compreendido. Apesar de ter definições bem similares e até muito claras, não é tão fácil para as pessoas determinarem o que são e o que não são startups.

De acordo com vários estudiosos e empreendedores, uma definição se sobressaiu como a mais completa e precisa. Ela foi feita por Eric Ries, considerado um dos maiores expoentes do assunto no mundo.

> Uma startup é um grupo de pessoas à procura de um modelo de negócios repetível e escalável, trabalhando em condições de extrema incerteza.

Vamos destrinchar essa definição a seguir.

Um grupo de pessoas

Quando você está abrindo uma startup, normalmente existe uma combinação de pessoas e ideias — o que é a essência dela, por sinal. Mas, você pode se perguntar: "Quer dizer que não posso abrir uma startup sozinho?" Claro que pode, porém, para prosperar, conseguir chegar ao patamar de escalar e vencer o risco, você dificilmente conseguirá estando só. Sem contar que são necessários parceiros e fornecedores, que lhe ajudarão no seu propósito. E, convenhamos, duas cabeças pensam bem melhor do que uma.

Existem experts que defendem que o conceito se explique pelo fato do negócio inciar através das pessoas. Afinal, jamais existirá uma startup sem alguém por trás. Você pode até pensar que é um pouco filosófico, como eu já pensei, mas, ao longo do caminho, será fácil notar que esse realmente é o fator mais importante delas.

Para refletir
Se você pudesse ter duas pessoas para começar um negócio com você hoje, quem seriam?

Não há surpresa no fracasso de empreendedores que preferem encarar a jornada dos negócios sozinhos.

À procura de um modelo de negócios

Uma das grandes singularidades desse universo está em buscar O modelo de negócios ("O" está em maiúsculo porque elas buscam algo sensacional) sobre um determinado propósito. As startups precisam ser flexíveis, pois sabem que o mercado é dinâmico e rápido, e mudanças são normais nesse novo universo. A necessidade de diferenciação, a competitividade acirrada e acelerada, novas leis, crises, enfim, são inúmeros os fatores que mudam o jogo a todo momento.

A partir desse caos, elas precisam entender como vão se relacionar com o mercado, que trocas farão nele e quais conexões serão necessárias. Como elas são inovadoras e, principalmente, não tem certeza sobre o que estão fazendo e para quem estão fazendo, a forma de fazer negócio será constantemente ajustada e aperfeiçoada.

Outro ponto é que, com a internet, o surgimento de novos meios de produzir, entregar e cobrar estão em franca expansão. Logo, por mais que você tenha alguns modelos tradicionais, é possível ainda criar diferentes formatos e até mesmo combiná-los.

Os empreendedores têm uma ideia de como a coisa vai funcionar, mas, com 100% de certeza, ela será diferente ao longo do tempo, pois a startup vai validando o seu mercado e modelo de negócio, promovendo as alterações necessárias para atender o seu consumidor.

Criando um exemplo com a startup EasyTaxi, 99taxis e Taxijá:

- PROBLEMA A RESOLVER — Facilitar o contato do taxista com o usuário de táxi;
- COMO? — Através de um app para o celular;
- A QUEM SE DESTINA? — Taxistas e usuários de táxi;
- POR QUE USAR? — Facilidade para encontrar um táxi, pagamento da corrida facilitado pelo app, segurança do usuário por não precisar procurar o táxi na rua e não precisar ter dinheiro em mãos, segurança do taxista por não precisar receber dinheiro e correr o risco de perdê-lo em um assalto, assim como maior tranquilidade ao realizar corridas para usuários cadastrados no sistema do app.

Porém, em razão do dinamismo do mercado, a empresa poderia mudar o modelo da seguinte maneira: ao invés da empresa ganhar dinheiro pelo comissionamento, ela poderia adotar uma mensalidade, ou uma taxa por pessoa que pede a corrida. Quem sabe descobrir que o maior lucro viria da indicação de lugares próximos para os clientes se alimentarem, ganhando uma comissão ainda maior dos restaurantes e lanchonetes, e podendo deixar todo o aplicativo free.

Note que o modelo de negócio foi alterado várias vezes. Mas essa é a ideia. A startup está constantemente procurando qual é o melhor jeito de fazer seu business funcionar.

Aquele famoso ditado — "mude ou morra" — é praticamente uma lei. Para quem lida com startups, "mude rapidamente ou morra" é um dos primeiros princípios mortais para continuar no game. No entanto, sempre respeitando o foco no propósito como direcionador das ações.

Para refletir
Pense em três formas diferentes de ganhar dinheiro na empresa que você trabalha.

A busca pelo melhor modelo de negócios para uma startup é como uma caça ao tesouro.

Repetível

Para explicar esse conceito, a melhor alternativa é partir da seguinte pergunta: como esse negócio pode ser replicável?

Significa conseguir fazer com que essa ideia seja facilmente copiada e levada para outros países, estados e regiões. Ou poder usar essa tecnologia e modelo em um outro setor e diversificar os ganhos. Também significa disponibilizar o produto/serviço em diversos lugares, sem muitos problemas.

Imagine você fazendo um CRTL+C e CRTL+V do negócio.

Exemplo: Qualquer um desses apps de táxi poderia pegar a sua tecnologia e modelo de negócios e aplicar no setor dos mototáxis. Se ele quiser levar para outro país, é facilmente copiado e implementado. Você nota que a plataforma está ali para as pessoas usarem e, quanto mais, melhor. Nesse caso, o único limitador é o número de táxis, mas a empresa não pode controlar isso.

Para refletir
Em que outro setor, bem diferente do seu atual, a sua empresa poderia atuar com pouca ou nenhuma modificação?

A facilidade de você replicar o seu negócio é proporcional ao potencial para expandi-lo.

Escalável

Uma das características mais importantes das startups é ganhar força e crescer muito rapidamente. Ou seja, ter uma impulsão absurdamente veloz, preferencialmente sustentável (se você quiser continuar a ter uma startup, é claro).

A ideia aqui é o processo ser quase que "automático", no qual as pessoas queiram cada vez mais voltar para comprar o produto/serviço, aumentem a quantidade, tragam seus amigos e conhecidos, e deixem os demais curiosos e com vontade de experimentar também.

De uma forma bem simples, pense: as pessoas que usam o produto ou serviço querem que as outras também façam isso, a ponto de fazerem uma forte propaganda sua? E isso é feito não porque você colocou um anúncio no intervalo da novela das 21h. Mas, sim porque seu negócio foi desenvolvido dessa forma, com canais e ações de marketing que incentivam essa disseminação meteórica (igual àquelas músicas horríveis que ninguém entende como viraram sensação, mas que se espalham como gripe no início do inverno).O detalhe é que, quanto mais automático isso for, mais pessoas retornarão e trarão outras, e mais escalável será.

É praticamente a startup tomando Toddynho e Biotônico Fontoura para crescer.

Exemplo: Dropbox – As pessoas começaram a colocar arquivos e documentos importantes na nuvem, e os outros poderiam acessar e pegar de lá esses materiais. Assim, quando alguém precisava pegar um material no Dropbox de outra pessoa, além de ter que fazer uma conta, começava a notar que também poderia compartilhar alguns arquivos e documentos com as demais. Elas notaram a importância de ter alguns documentos na nuvem, em caso de perda ou esquecimento do pen drive. Assim, diversas pessoas começaram a usar e compartilhar o Dropbox automaticamente.

Para refletir
O que faria uma pessoa trazer outra para experimentar o serviço/produto da sua empresa?

Crescer é o esperado para as empresas; ser escalável é o destino das startups.

Extrema incerteza

Risco é praticamente o sobrenome das startups (o mais importante). Elas tentam vender produtos e serviços que não existiam, mudando a forma de se fazer negócios ou inovando ao facilitar algo que já existe. Até então, ninguém pensava em pedir táxi sem ligar para uma central e ter que dar o endereço (algo muito chato e difícil). No entanto, agora é possível fazer tudo isso apenas apertando um botão do celular. Porém, era incerto que as pessoas aceitariam esse novo jeito, assim como os taxistas. Foi um grande risco no início.

Você percebe que pode estar diante de uma startup quando se pergunta: "Mas será que as pessoas realmente vão fazer ou usar isso?"

Não ter a certeza de como será a inserção do negócio no mercado é uma das características das startups. Na verdade, é a mais importante (eu sei que já falei isso, mas vou continuar falando durante o livro todo, acostume-se, pois eu preciso "soldar" isso na sua mente). Outras dúvidas normais que refletem o conceito e indicam que, possivelmente, você está próximo de uma startup são: se as pessoas entenderão o conceito; se aceitarão esse novo serviço, ou a forma diferenciada de fazer algo; se estarão dispostas a pagar pela sua oferta; e se existirão clientes suficientes. Essas e tantas outras dúvidas são parte do dia a dia de quem está entrando nesse universo.

Podemos dizer que as startups são arquirrivais do senso comum.

Até descobrir se a sua ideia pode realmente virar um negócio, existe um tempo de validação (ou seja, verificar se é viável e se vale a pena) em que as dúvidas citadas anteriormente começam a ser respondidas. As incertezas transformam-se em respostas, e um modelo mais sólido de negócio começa a surgir.

É nesse momento que ela começa a deixar de ser startup para vir a ser uma empresa.

Exemplo: GetNinjas – Quando você queria contratar o serviço de um pintor ou marceneiro para a sua casa, você precisava caçar os números nos mais diversos lugares, contar sua história, várias vezes e receber os orçamentos das pessoas, ou não #UmSacoIsso. O GetNinjas veio com a seguinte ideia: as pessoas mandam o serviço que elas precisam e a plataforma dispara o pedido para um leque de profissionais. Você recebe os orçamentos e seleciona o mais adequado. Era extremamente incerto, pois há anos as pessoas faziam isso da forma clássica #ChataPraCaramba. Porém, com o passar do tempo, mostrou-se um excelente mercado.

Para refletir
Qual seria a forma mais improvável da sua empresa ganhar dinheiro hoje?

Startups só podem existir enquanto tiverem incertezas.[6]

Por que há algumas palavras em destaque na definição, logo no início?

Você pode ter se perguntado o porquê das palavras "a procura de um modelo de negócio", "escalável" e "extrema incerteza" estarem diferentes. A resposta é: porque são as partes mais relevantes para definir e identificar uma startup, além de chamar a sua atenção para os pontos mais significativos quando estiver pensando na elaboração ou compra da sua.

> *"Empresas grandes executam modelos de negócios; startups buscam modelos de negócio."*
> – codiretores do Startup Weekend

E a questão da sustentabilidade...

Grande parte, por natureza, já nasce com pouco recurso e precisa crescer de forma sustentável, principalmente no Brasil, onde esse investimento inicial de alto risco é baixíssimo. Em países mais maduros no conceito, existe um bom ca-

[6] Essa deve ser a frase mais importante do livro.

pital para as pessoas testarem suas hipóteses e apenas conseguirem usuários, o que, financeiramente falando, não é tão sustentável. Porém, empreendedores e investidores focam em conseguir um público grande e normalmente pensam: "Depois acharemos um jeito de ganhar dinheiro".

Ainda assim, apesar de não estar na definição oficial, é bem comum a seguinte pergunta estar no pensamento inicial de 99% dos startupers: "Como isso poderá se erguer com as próprias forças?"

Nas questões ambiental e social, é praticamente universal a preocupação e o desejo de ajudar em ambos. Conforme foi comentado na seção sobre as gerações e a revolução, acredito que isso veio naturalmente com a própria Geração Y para dentro das startups. Ao longo do livro, vamos falar mais sobre esse senso de propósito, sobre ajudar o mundo e as pessoas.

Elas fazem aniversário?

Normalmente, são consideradas startups os modelos de negócio que surgem e se desenvolvem, nessas características, por até dois anos. 2 anos? Sim, é tempo suficiente para você testar as suas incertezas sobre um modelo de negócio. Depois, começam a ser consideradas empresas, e não mais startups. As que sobrevivem, é claro!

Quando o tempo começa a contar? No momento em que é lançada a ideia no mercado. Pode ser um teste de conceito com um site que capta pessoas interessadas no assunto, ou até mesmo um protótipo. Ficar desenhando o seu modelo e não colocar nada no mercado não significa ter uma startup, mas sim ter apenas um insight. Porém, esse é um conceito mais aplicado em alguns lugares dos EUA, Canadá e Israel, o mais significativo para elas existirem são as incertezas.

Portanto, além da definição do Eric, eu gosto de pensar nelas da seguinte forma:

> Startups são negócios de alto risco que surgem, validam, aprimoram e evoluem rapidamente seus modelos de negócio sustentáveis até vencerem ou não as incertezas do mercado.

E, por fim, elas são da internet

É uma discussão muito grande que existe, pois 99,99% das startups usam o poder da internet para os seus negócios, marketing, entre outros. Portanto, muitas pessoas gostam de dizer que sim. Porém, eu já vi algumas que não usavam e apenas depois de um tempo resolveram ir para a web. Dessa forma, dizer que elas são digitais está certo em quase todos os casos e é bastante aceito, principalmente no Brasil. Eu, Bruno, apesar disso, gosto de falar que elas são em sua quase totalidade da web, mas, ainda assim, fico mais na definição apresentada anteriormente, de que podem ser criadas sem a web, apesar de não ter sentido nenhum não usar essa que é a melhor ferramenta disponível para elas.

Sete perguntas para ajudá-lo a perceber se a sua ideia corresponde a uma startup ou não

1. Qual é a incerteza que esse negócio tem sobre esse mercado?
2. Qual é o grande problema com que está lidando?
3. O que é completamente diferente nesse negócio do que já existe de soluções no mercado?
4. Por que as pessoas continuariam comprando esse produto/serviço?
5. Por que elas indicariam aos seus amigos e familiares?
6. Como esse negócio poderia ser replicado em outro segmento ou outro lugar?
7. Quão arriscado será esse negócio?

Aviso importante
No meu canal do YouTube, "BrunoPerinMKT", você vai encontrar uma playlist que contém essa explicação sobre o que são startups e vários outros conteúdos sobre esse universo.

CHUVA DE IDEIAS

"Você gostaria que eu lhe desse uma fórmula para o sucesso? Na verdade, é bem simples. Dobre sua taxa de erros."
– Thomas J. Watson

Como são startups, é possível que algumas tenham virado empresas gigantes quando você estiver lendo este livro, e outras nem existam mais. Faz parte do jogo das startups e seu risco. Não deixe de ler, pois algumas serão citadas para explicar ideias do livro.

http://www.camiseteria.com/

Os próprios clientes desenham as camisetas e também votam nas mais legais. A empresa manda produzir as mesmas para esse público que já havia se interessado por elas.

https://planedia.com/

É a melhor ferramenta, mais fácil e interativa, para planejar sua viagem socialmente. Combina todas as informações necessárias para ajudar as pessoas a escolherem para onde ir, como ir e o que fazer quando chegarem aos seus destinos.

https://youcanbook.me/

Você disponibiliza os horários na sua agenda para que as pessoas solicitem reuniões. Assim, não é necessário ficar checando se pode ou não. Apenas recebe avisos de quando alguém quer marcar algo com você e por quê. Sua decisão é aceitar ou não e pronto, sem mais preocupações nesse sentido.

https://airbnb.com.br

Em vez de ir para hotéis, pousadas ou *hostels*, você pode alugar casas, apartamentos ou quartos para sua acomodação. Além do custo ser bem mais em conta, você ainda pode conhecer pessoas interessantes nativas do lugar que lhe darão dicas incríveis.

http://mailchimp.com/

Faça seus próprios e-mails de marketing e controle toda a gestão e indicadores por meio dessa ferramenta. Não é preciso mais ser um ótimo designer e entender de programação para se comunicar com seu público por e-mail (é uma das ferramentas que eu mais uso e sou muito fã).

https://tysdoapp.com/

Você compartilha suas experiências enquanto se organiza e descobre novas maneiras de alcançar seus objetivos e sonhos.

O QUE É TÃO DIVERTIDO NAS STARTUPS?

As startups são divertidas e instigantes por três motivos: o propósito, o risco e o ambiente.

Propósito

Tudo fica muito mais interessante, empolgante e divertido quando se tem um grande propósito em jogo, em vez de apenas trabalhar por dinheiro ou por ter que fazer algo. As startups que realmente tendem a vingar possuem um grande propósito, e é isso que faz as pessoas lutarem pela ideia a ponto delas virem para o mundo.

Quando se está no projeto apenas para ganhar dinheiro, viver o glamour de ter seu negócio, ser seu próprio chefe e fazer suas horas, a probabilidade de engrenar é mínima. Afinal, como já sabemos, startups lidam com riscos. Imagine, ainda, acrescentar os outros entraves do empreendedorismo... Sim, o buraco é bem mais embaixo, e apenas aqueles desejos supérfluos não serão suficientes para encarar essa bronca. É preciso algo mais!

Fazer algo para melhorar o mundo, resolver grandes problemas da sociedade e, assim, poder impactar muitas pessoas é também parte principal da diversão. Você contagia não só os que estão ali dentro trabalhando, como também as pessoas de fora. Quando se tem um propósito grandioso, você, o público e os fornecedores se empolgam; enfim, todo mundo quer mesmo que essa startup venha a acontecer e possa dar certo.

Tanto o TaxiJá quanto o GetNinjas, o Tysdo e outras inúmeras startups que surgiram deixaram um grande marco na atualidade. Seus serviços inovadores mexeram com o mundo, e tudo isso por um propósito bem maior do que apenas ganhar dinheiro.

De todas as forças do mundo, apenas o propósito pode derrotar qualquer situação adversa.

Você encontrará vários materiais com perguntas e orientações para ajudar na construção das suas ideias ou objetivos propostos aqui, como, por exemplo, "a busca do seu propósito" no grupo do Facebook "Mundo Empreeendedor"[7].

---

7 www.facebook.com/groups/mundoempreendedor/

Risco

O risco envolve a curiosidade humana, e essa novidade toda atrai muito o nosso cérebro. Fazer algo que você não sabe se vai dar certo sempre causa uma euforia e um frio na barriga que é muito bom. Traz uma sensação diferente, de você ser um "explorador", de descobrir junto com a sua equipe uma nova forma e jeito de fazer as coisas ficarem ainda melhores para o mundo, e é justamente o que torna tudo isso ainda mais instigante.

O ser humano gosta de desvendar coisas, se desafiar e experimentar o novo. E o empreendedor é quem mais faz isso, tanto por ter toda essa disposição quanto por seu jeito questionador, sem muitas amarras da realidade.

O risco traz, sim, uma maior insegurança, pois virão dificuldades. Porém, se alinhados a um propósito maior, tudo fica diferente e faz muito mais sentido estar ali todos os dias lutando para que o sonho realmente venha a acontecer.

O mundo das startups possui uma aceitação muito maior quanto a isso, pois todo mundo está lidando com incertezas, riscos e grandes probabilidades de não dar certo; ou seja, todos estão no mesmo barco, e isso acaba trazendo maior tranquilidade para as pessoas não se importarem tanto ao fracassar.

Aqui, o "poder tentar de novo" é ter muito mais chances de obter êxito na próxima vez. Portanto, isso acaba por deixar as startups muito mais excitantes e interessantes aos jovens. Essa combinação de diferentes pessoas com diferentes ideias para achar uma melhor solução acaba por tornar tudo muito mais *cool*[8]. (Você não está arrepiado agora, exalando energia e vontade de se envolver com esse universo?)

Isso sem falar que o próprio ambiente das startups é propício a essa "diversão". A estrutura é toda diferenciada, para que as mentes possam ser ainda mais criativas. Quem não gostaria de ter sido um dos criadores do Google, por exemplo? Sequer é pelo dinheiro que eles possuem hoje, mas sim pela grande causa de poder ajudar grande parte das pessoas a estarem cada vez mais conectadas com as informações e conhecimentos do mundo.

Enfim, propósito e risco fazem a diferença para que a startup possa se manter ativa e, a seu modo, possa impactar melhorar a vida das pessoas, de forma local ou até mesmo mundial.

---

[8] Legal, maneiro, irado, divertido, show de bola e outras gírias que mostram entusiasmo.

Para refletir
Nos últimos grandes riscos que você correu ao tomar uma decisão profissional, o que você aprendeu e o que você evoluiu?

Uma startup respira o risco todos os dias. É o que a mantém ativa na busca do seu modelo de negócio.

O AMBIENTE DAS STARTUPS – POR QUE SEUS ESCRITÓRIOS PARECEM A CASA DA MÃE JOANA?

"Não deixe de criar um pouco de esquisitice e diversão."
– Lema da Zappos.

Porque o ambiente das startups é todo voltado para instigar a descontração, inspirar as pessoas, fazê-las pensar em ideias inusitadas e muitas vezes impensadas e, assim, juntas, resolverem um grande problema. Mas, para tudo isso, é preciso explorar ao extremo toda a criatividade da equipe.

E como fazer isso?

Deixando-as livres para criar, mudando de vez o conceito de estrutura comum, fazendo as pessoas se encontrarem e se valorizarem dentro daquilo que as deixa felizes, como: mesas de pingue-pongue, pufes para leitura, salas coloridas, paredes com desenhos, bonecos de super-heróis, sacos de boxe, redes, bicicletas, caixas que são prateleiras e pneus que são base de mesas. Quer mais? Máquinas de café expresso, fliperamas e videogames, assinaturas da Netflix, reuniões regadas a Coca-Cola e Pringles, trabalhar assistindo jogo de futebol, estipular um dia para ir vestido diferente; enfim, juntar os mais diferentes gostos para fazer as coisas comuns serem diferentes e instigantes. Que você olhe essas decorações e pense "por que não?" e leve isso para o seu trabalho.

A ideia é desafiar o senso comum de que "as coisas sempre foram assim e ponto". No universo das startups é diferente, sendo que tudo pode ser recriado e inspirá-lo a fazer o novo; além disso, esse ambiente pode inspirar ainda mais as pessoas a pensarem além do óbvio.

Onde, normalmente, você tem suas melhores ideias? Em uma mesa tradicional de escritório ou caminhando por um parque, conhecendo um lugar novo? A ideia é justamente trazer esse ambiente para dentro do escritório. Note que não é a casa da mãe Joana, mas sim trazer o mundo em que nós vivemos para dentro do local de trabalho.

Quando você está em um lugar em que se sente bem, você se identifica. Estão presentes ali os seus valores. Você consegue lidar muito melhor com toda essa "cobrança" de trabalhar com mais afinco nesse propósito maior. Assim, não será um peso tão grande ficar até mais tarde para poder desenvolver algo, até porque trabalhar nesse tipo de ambiente é prazeroso, e não uma tortura como muitos vivem.

O que as startups sempre visam é provocar o senso de inovação, e as pessoas pensarão em novas formas e nos mais diferentes jeitos de fazer as coisas acontecerem. Pensando de uma forma simples, o lema do escritório é: "Você deve se sentir tão bem quanto em casa".

Então, se você é do tipo que curte Mestre Yoda ou Jornada nas Estrelas, é fã do Capitão América, gosta de rock, entre tantas outras coisas, não importa o que, aquilo que lhe traz boas recordações ou desperta sua admiração pode fazer do seu ambiente de trabalho um lugar melhor.

Todos sabem que, no começo de uma startup, o que mais falta é grana e, por isso, todos estão sempre tentando, das mais diferentes formas, superar isso. As salas são um pouco improvisadas e quase não existe hierarquia, algo muito presente em empresas comuns. Aqui, facilmente, você encontrará o CEO junto da galera, atendendo o telefone, varrendo o chão e fazendo acontecer, sem ter toda aquela burocratização que uma organização normalmente teria.

Todo esse ambiente e a forma como elas são planejadas fazem com que prevaleça cada vez mais a união das pessoas, mesmo elas sendo de diferentes áreas e tendo habilidades distintas. Os membros da equipe sempre terão no que somar ao outro, e essa combinação de talentos é o que faz as startups se diferenciarem e conquistarem o mercado.

Afinal, negócios são pessoas combinando conhecimentos para resolverem problemas do mundo.

Acredito que você notou, não é? Pessoas mais próximas em um ambiente bacana e inspirador é um bom jeito de encarar o mundo.

Nas empresas

Hoje, você já nota cada vez mais as grandes organizações seguindo a mesma *vibe*[9]. Elas estão, mesmo que aos poucos, mudando as suas estruturas, criando

---

[9] Tendência positiva, moda, energia.

um ambiente mais descontraído e com mais liberdade para as pessoas. Salas e paredes estão sendo derrubadas para aproximar as equipes.

Grande parte aconteceu pela aquisição de startups, que levaram essa cultura para as empresas. E, também, pelas mesmas notarem o potencial desse novo estilo de ambiente de trabalho.

Mesmo quando elas crescem e deixam de ser startups, muitas empresas continuam com esse princípio de identidade e informalidade presentes em seus ambientes. Veja os exemplos a seguir:

- ZAPPOS — Existem livros contando apenas sobre o ambiente da Zappos. No entanto, relatarei algumas coisas legais que vi por lá. Cada pessoa que entra fica com um véu em cima da mesa por um ano, e depois recebe um dinheiro para deixá-la como quiser. Os departamentos devem ter temas para enfeitar seus espaços a cada seis meses (o mais bizarro é navio pirata do velho oeste). Videogames estilo PSP estão espalhados pela empresa para você espairecer. A diretoria da empresa fica ao lado do call center, sem nenhuma parede separando. Tão importante quanto fazer o seu trabalho é deixar o lugar mais divertido;
- SAMBA TECH — A sala de desconcentração é uma das maiores salas. O espaço de refeitório é praticamente magnético, para você permanecer lá conversando. As paredes têm adesivos muito instigantes, desde submarinos até robôs, que fazem você viajar na maionese;
- BUSCAPÉ — No terraço, tem até cesta de basquete, totó e aquela mesa de disco em que todo mundo gasta umas fichas no fliperama (lá é de graça, claro). O videogame fica perto do café, para a galera fazer vários bate-papos. Tem uma parede com o mapa da cidade e a foto de onde as pessoas moram, para elas se organizarem com as caronas.

Os jogos mais famosos em escritórios de startups

- Beer pong[10] (já fui campeão no Canadá);
- Videogame (o mais tradicional);
- Pingue-pongue;
- Pebolim ou totó;
- Lança travesseiros[11];

[10] Você coloca copos de cerveja em cada lado de uma mesa comprida. As pessoas jogam uma bolinha de pingue-pongue, tentando acertar dentro do copo do adversário no outro lado da mesa. Quando alguém acerta, a pessoa deve beber o conteúdo daquele copo. A equipe que beber todos os copos "perde".

[11] É mais comum fora do país. É formado por duas rampas, uma na frente da outra, em uma certa distância, com um buraco no meio. Você fica jogando travesseiros e tentando acertar no buraco – sim, parece banal, mas é bem divertido trocar ideias enquanto se joga.

- Sinuca;
- Dardos;
- Pôquer;
- Tabuleiro (a minha dica é comprar o Zombicide).

Existe uma folha guia para provocar a criatividade no seu escritório. É só baixar lá no grupo "Mundo Empreendedor".

Coworking

Para quem está começando o seu negócio é muito comum ir para esses ambientes, que são como um escritório compartilhado, em que você pode alugar uma mesa ou apenas trabalhar em qualquer espaço disponível no momento. Esses ambientes são sensacionais, pois eles visam justamente inspirar a criatividade e a conexão entre diferentes pessoas e projetos. Portanto, no mesmo lugar, às vezes na mesma mesa, podem existir vários negócios completamente distintos, mas que podem ainda assim se ajudar.

Os coworkings (CWK) estão cada vez mais na moda, pois as pessoas preferem sair de casa tanto para ter aquele local de trabalho, quanto para se inspirar ao ver outras pessoas também empreendendo. Essa proximidade com outros projetos é empolgante para se manter com a mente aberta a novas ideias. Além disso, é supernormal acontecerem vários eventos e atividades nesses lugares para desenvolverem seus membros.

Hoje, existem empresas que estão mandando equipes inteiras para os CWK, a fim de explorarem mais seu espírito empreendedor e estarem em contato com as tendências das startups.

Acredito que você vai se divertir e aproveitar muito se for visitar algum, caso ainda não tenha passado por essa experiência. Se mantenha próximo deles, pois ir nas atividades é uma ótima pedida para estar em contato com esse universo. No final do livro há uma lista com alguns CWK no Brasil.

ELES VÃO ROUBAR A MINHA IDEIA?

Essa é a típica dúvida que, se não todas, a grande maioria das pessoas possuem quando começam a pensar em ter a sua startup. Muito possivelmente, eles (entenda-se: algum vilão no mercado) não roubarão essa sua "extraordinária" ideia. Digamos que essa é uma "síndrome da genialidade" que muitos empreendedores, startupers e aspirantes a abrir um negócio têm. Normalmente, ela vem acompanhada de alguns pensamentos como:

- A minha ideia vai revolucionar o mundo;
- A minha ideia vai dar muito dinheiro;
- Todo mundo vai querer comprar a minha ideia;
- A minha ideia é completamente diferente de tudo que o mundo já viu e, por isso, é tão especial.

O engraçado é que alguns de vocês falam isso, estão lendo este trecho e ainda não perceberam a ironia.

As pessoas tendem a ter uma super, hiper, mastervalorização da ideia antes mesmo de testar, e isso pode não corresponder com a realidade — na verdade, certamente não vai. Lembre-se que um negócio jamais se mantém igual e segue uma linha planejada. Como diz Steve Blank, "nenhum modelo de negócio continua o mesmo depois do primeiro contato com o cliente".

Geralmente, por parte desse quase empreendedor[12], há uma grande expectativa, um grande desejo misturado a uma certa dose de intuição de que essa startup será única e, por isso, deve ser "superprotegida" das demais pessoas. Nesse caso, acabam pensando: "Minha ideia é tão boa que podem me roubar".

Vamos analisar agora a situação...

Obviamente, grandes empresas, empreendedores e as pessoas em geral já possuem um turbilhão de ideias sendo trabalhadas, e essas costumam ser voltadas para suas expertises. Você realmente acredita que "eles" deixariam o que vem sendo planejado até hoje, para dizer: "Vou parar de fazer tudo isso, porque a ideia de fulano de tal é ótima e eu devo investir nela". Acredito que não é bem assim e isso muito raramente acontece, para não dizer nunca.

Por quê?

Normalmente, essas pessoas que lidam com inovação ou os próprios empreendedores já possuem muitas ideias para executar. Portanto, não é comum você estar em uma roda de amigos tomando um café ou em um churrasco, trocando insights, e alguém resolver roubar a sua "grande e genial" ideia simplesmente porque achou boa.

O que mais acontece, e é supercomum, é as pessoas fazerem um link entre situações pelas quais estão passando e a sua ideia. Assim, um novo insight

[12] É aquela pessoa que tem uma ideia, mas ainda não a colocou em prática.

pode ser gerado para complementar o que já estão executando, e isso até mesmo você faz sempre. Quando mostrei algumas startups, você não pensou como aquele modelo poderia ser aplicado no seu ambiente? Isso é natural.

E mesmo no caso das pessoas se apaixonarem pelas ideias... É mais fácil, sábio e comum elas virem conversar com você para que criem algo em conjunto, pois foi você quem desenvolveu toda aquela expertise e quem teria mais condição de fazer tudo virar realidade. (A não ser que você tenha tido uma ideia muito boa, mas não tenha experiência alguma sobre aquilo, e a pessoa achar você o maior Zé Mané da Terra. Nesse caso, em específico, ela poderá roubar a sua ideia, mas, acredite, isso é difícil de acontecer.)

O mais normal é elas quererem desenvolver a ideia em conjunto, porque você deve ter estudado aquilo por um tempo, conhece melhor o mercado, já pensou em muitas possibilidades, já fez alguns contatos e, mais do que ninguém, poderia agregar uma série de coisas que elas talvez não conseguiriam sozinhas. É mais provável as pessoas quererem se engajar com você do que roubá-lo.

Um cuidado que você deve ter é não deixar todo esse amor pela sua futura startup o cegar, limitando-o a ver apenas as coisas boas — aqui mora o grande perigo, pois é natural ficar muito "gamado" na ideia e não ver as possíveis falhas.

Fazer essa troca e compartilhar os pensamentos nos ajuda nesse ponto. São visões diferentes que podem dar aquele toque para você melhorar sua ideia ainda mais. Os ganhos que você pode ter em compartilhar suas ideias são infinitamente maiores do que os riscos de não fazer isso.

Quando você divide o seu insight com outros, em primeiro lugar, você o está testando. É bom você ver a reação das pessoas, o que elas realmente entendem ou não, e se perguntar por que elas estão fazendo determinadas perguntas. Enfim, elas podem fazer considerações que você nem tinha pensado antes, e isso é muito bom para rever suas ideias e hipóteses do negócio.

Aprender é a melhor forma de lidar com os riscos

Quando você está dentro de uma comunidade de startupers, as pessoas tendem a dar um valor muito grande aos feedbacks e acabam por dar sugestões até mesmo sem você pedir. Enfim, eles se ajudam e isso é algo habitual nas startups. Todos entendem que os recursos são escassos, e as dificuldades são monstruosas; se não houver ajuda entre eles, ninguém vence. **A colaboração coletiva leva muito mais longe.**

Aprendizados, trocas e feedbacks constantes vão ajudá-lo a julgar melhor suas ideias e, quem sabe, até descobrir que aquela sua "ideia genial" não era assim tão boa, acabando por ser apenas um insight que você alimentava cada vez mais, e não fazia sentido algum continuar investindo tempo e energia.

Como diz Alex Born: "Você estava gastando tempo bom com coisa ruim".

Por essas razões todas, eu posso afirmar a você que: a melhor coisa é você compartilhar ideias e não ter medo de ser roubado.

Quer ver ideias malucas? Entre em www.startupcrazy.com.br ou procure no YouTube. É um evento on-line gratuito em que as pessoas falam as piores ideias do mundo e eu, junto do Flavio Estevam, testo transformá-las em startups, sempre mostrando como fizemos isso e dando dicas para os primeiros passos. Você certamente vai aprender e rir bastante, além de ter várias ideias.

Para refletir
Na maioria das vezes que você compartilhou seus pensamentos no trabalho sobre possibilidades a serem desenvolvidas, as pessoas contribuíram de alguma forma ou apenas usaram aquilo a favor delas?

Compartilhar ideias e obter feedbacks é a maneira mais fácil de abandonar ladrões de tempo e energia, se aproximando ainda mais do modelo de negócio desejado.

QUANTO VALE A MINHA IDEIA?

"Gerar ideias é fácil. O próximo passo, e mais difícil, é fazer algo a respeito."
– codiretores do Startup Weekend

Como já disse, todos nós temos uma tendência de supervalorizar o quão boa é a nossa ideia. É natural acreditar que o potencial do seu business é infinitamente maior do que ele realmente poderá alcançar. Dessa forma, muitas vezes, as pessoas colocam automaticamente um valor mercadológico maior do que o real.

A ação em que o processo é inverso, como o Twitter (segundo Biz Stone, em seu livro[13], ele chutou um valor muito mais alto e, quando recebeu uma proposta, parecia maior do que eles realmente valiam), é tão rara quanto o açougueiro lhe dar uma picanha porque não tinha mais maminha e cobrar o preço da última (eu amo churrasco, e afirmo: isso é muito raro e uma situação de sorte).

No entanto, a avaliação de uma startup parte de alguns princípios, aos quais é bom se atentar, tais como:

- Potencial de mercado (qual é o tamanho dele);
- Concorrência;
- Equipe;
- Potencial de crescimento (como seria a velocidade para crescer).

Enquanto a ideia ainda está somente na cabeça ou no papel, não se pode medir resultado algum. São apenas suposições do quanto aquilo tudo poderia ter de retorno aos investidores e a quem está envolvido na ideia. Você poderia ter 50% de chances de sucesso, como também 1% ou até mesmo nenhum. Aqui, tudo ainda é incerto até se encontrar o melhor modelo de negócio e chegar a resultados satisfatórios.

O que seria o potencial de mercado?

É o mercado em que aquela sua ideia poderia estar inserida, ou seja, a quantidade de pessoas que ela poderia vir a alcançar. Lembre-se que, quanto maior o seu público, maior será o seu mercado de atuação, poder aquisitivo e giro de capital que tem nele.

Aqui, você já tem que analisar como o mercado está hoje sem a sua ideia (como ele está caminhando e evoluindo para o futuro) e se aquela sua ideia estará de acordo com as perspectivas de interesses dele mais à frente.

Concorrência, por que devemos analisá-la?

É importante, primeiramente, verificar o que já está sendo proposto no mercado e por que a sua ideia é (supostamente) tão distinta das demais, a ponto de fazer a diferença e realmente se destacar. Quanto maior o número de concorrentes, mais acirrado será, e isso é sempre levado em consideração.

- Se já existe algo parecido, o que poderia ser melhorado?
- Quais seriam as possíveis inovações?

[13] "Um passarinho me contou: Confissões de uma mente criativa".

- O que ainda não se explorou naquele nicho de mercado?
- O que levará uma empresa a entrar/se interessar em determinado mercado?

A equipe que integrará o grande time é fundamental

Ok, a ideia é somente sua por enquanto, mas você ainda precisará desenvolvê--la para que ela possa vir a ser uma startup. Será preciso testar, ajustar e, assim, ir buscando o seu melhor modelo de negócio. A forma mais rápida de se fazer isso é contando com o apoio de outras pessoas. Portanto, encontrar o seu grande time é parte fundamental do sucesso do seu negócio.

- De quantas pessoas precisarei?
- Quais serão os talentos e habilidades que, quando todos juntos, eu poderei combinar?
- Quais são os melhores tipos de perfis que serão úteis ao meu grande time?

Aqui entra a combinação de conhecimentos que veremos mais à frente, chamada de *Mashup Knowledge*.

O seu grande time é o pilar central para a valorização ou não da sua possível startup no mercado. Você já deve ter notado isso e, no próximo capítulo, onde será abordado o desenvolvimento dos negócios, você verá que esse é sempre o maior tesouro não só das startups, mas também das empresas.

O que seria o potencial de crescimento?

Novamente, os startupers criam expectativas exageradas sobre o possível crescimento do seu business, ou seja, sobre a velocidade em que o negócio vai aumentar em receita e clientes. No entanto, a realidade na qual todo mundo trabalha é o agora, com dados concretos, e não com previsões. Por isso, principalmente para investidores e avaliadores, esse ponto não é tão relevante quanto para os startupers. Afinal, eles sabem que é difícil prever a incerteza.

Você não pode afirmar com exatidão que, daqui a dez meses, seu negócio triplicará ou aumentará seu valor, mesmo que você tenha todo um planejamento, uma boa estratégia a seguir. Isso ainda não aconteceu, então tudo é apenas uma suposição em cima do incerto (novamente).

Então, o grande valor da ideia ainda não testada se forma a partir de todos esses pontos e é muito baixo, principalmente para o brasileiro que não gosta desses investimentos de risco total, sem ter parâmetros de retorno. O que pode gerar algum capital de início é mais o time do que a ideia, e vai continuar sendo assim por grande parte da jornada.

Por outro lado, quando a ideia já saiu do papel e começou a ser testada, aí sim as formas de avaliação mudam um pouco. Se antes eram baseadas em suposições, agora teremos o apoio dos números e a análise de resultados mais concretos, como tamanho do mercado, potencial da empresa, o produto ou serviço em si, equipe, enfim, tudo o que envolve o negócio.

Não adianta dizer que o potencial de mercado é de dez bilhões de dólares, se você só tem dois clientes e vendeu a eles poucos produtos. Se você for pegar pelo valor de capital, terá de analisar suas receitas, seus bens, seus fluxos de caixa, enfim, todo o resultado financeiro, e não aquilo que você pensa que ainda vai acontecer.

Tudo isso é para você, inicialmente, não sair por aí pensando que teve uma boa ideia e que ela vale um milhão de dólares e, por esse motivo, querer trancá-la a sete chaves ou subir no altar dos grandes CEOs, exigindo do mercado, e da equipe, coisas incoerentes.

Enquanto a startup não encontrar o melhor modelo de negócio, ela lidará o tempo todo com incertezas e chances de sucesso ou fracasso. Passando desse período, aí sim o negócio começará a ser mais sustentável, concreto e já tomando proporções para vir a ser uma empresa.

Quando esse processo de transformação acontecer, a avaliação será feita através de mais fatores. Mas, vamos deixar isso para aqueles sabichões de corporações, que a diversão aqui é sobre startups.

Conselho de amigo: vá com calma ao avaliar a sua ideia, pois o caminho é bem mais complicado do que você imagina e o retorno poderá não ser exatamente aquilo que você espera.

Ideias só valem dinheiro quando dão resultados.

Conheça o nosso dialeto – No final do livro, você encontrará um glossário das palavras mais usadas nesse universo. É bom dar uma olhadinha antes de continuar.

OS TRÊS CONCEITOS MAIS FAMOSOS E USADOS PELAS STARTUPS

Lean Startup ou Startup Enxuta

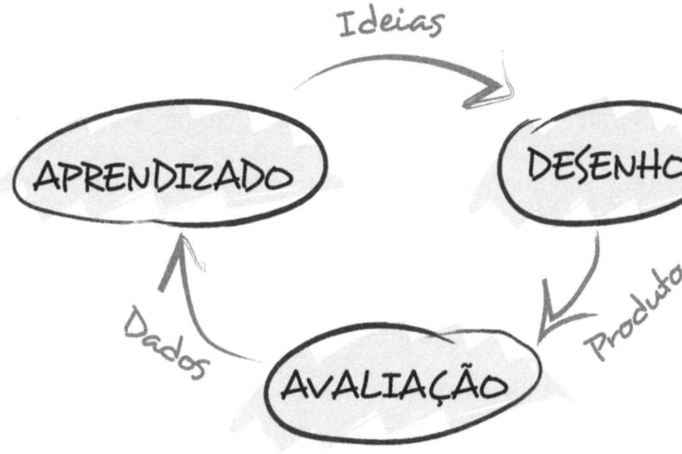

Fonte: Livro "A Startup Enxuta", de Eric Ries

É o mais famoso de todos os conceitos das startups. Grande parte do que é ensinado e comentado aqui faz parte dos princípios desse termo.

> *"O objetivo de uma startup é descobrir a coisa certa a criar — a coisa que os clientes querem e pela qual pagarão — o mais rápido possível. Em outras palavras: a startup enxuta é uma nova maneira de considerar o desenvolvimento de produtos novos e inovadores, que enfatiza interação rápida e percepção do consumidor, uma grande visão e grande ambição, tudo ao mesmo tempo."*
> – Eric Ries ("O cara" do Lean Startup)

Esse conceito revela que você deve pegar a sua ideia e construir o mínimo possível (MVP – você verá isso mais à frente) para poder testá-la com os clientes. O pressuposto é que não tem sentido desenvolver um protótipo e investir tempo, energia e dinheiro em algo que apenas você acredita, e não em algo que os clientes efetivamente querem. Para isso, faça o mais simples possível e veja o que eles acham. A partir desses testes e aprendizados, você vai construindo o seu modelo de negócio até achar o ideal.

O sentido de tudo é você conseguir fazer o maior número de validações possíveis, cada vez mais rápido, para se aperfeiçoar e crescer. Portanto, os seus projetos de implementações no produto ou serviço devem ser sempre os menores possíveis, para validar o quanto antes, através de indicadores que meçam o real desempenho, e ajustá-los.

O conceito de Lean Startup está na alma das startups.

Canvas

É a metodologia mais famosa e clássica para você visualizar o seu modelo de negócio. Preenchendo as lacunas da ferramenta, você consegue entender mais claramente como o seu negócio funciona, quais são os seus pontos mais importantes e onde deve focar.

Seria como se você tirasse uma foto do seu business, daquilo que é mais relevante, e deixasse em algum lugar para não esquecer. Qualquer pessoa que olhasse, entenderia como ele funciona.

Outra característica dele é ser flexível a mudanças (a cara das startups, não é?). Ele normalmente é feito com post-its e papel; assim, conforme o seu modelo de negócio vai sendo testado, o Canvas vai sendo reconfigurado, trocando os post-its de acordo com os aprendizados (é muito divertido de fazer).

São justamente esses pontos que fazem o Canvas ser diferente de um plano de negócios, que é mais longo, demorado, profundo e estático. As startups não possuem tempo para fazer algo assim e, devido à incerteza, ele seria praticamente inútil.

As empresas estão começando a usá-lo para entenderem suas essências e tentarem se adaptar a essa nova realidade do mercado, repleto de mudanças. Porém, as startups o utilizam praticamente como uma identidade, todo mundo tem o seu e, na verdade, boa parte tem a sua primeira transição da mente para o papel em um bom Canvas.

O Canvas combina muito com o conceito do Lean Startup, pois ele tende a manter as coisas simples, pensando apenas no necessário, conforme o conceito já discutido. Além de auxiliar na organização das ideias de forma simples e rápida, é muito utilizado por empreendedores para mostrar a investidores e parceiros o quão promissora é a sua startup.

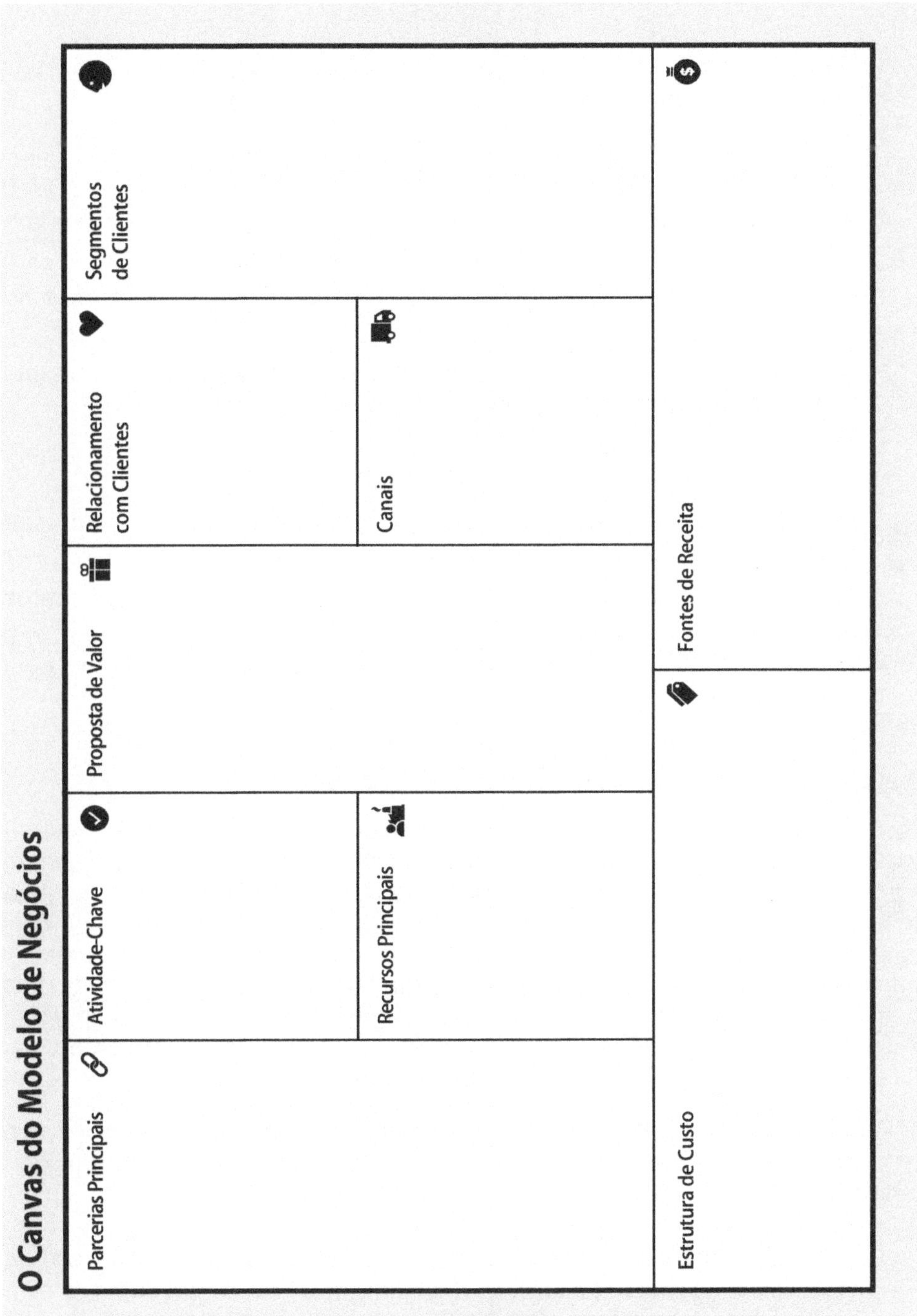

Fonte: Business Model Generation: Inovação em Modelos de Negócios
Editora Alta Books.
Disponível no site http://alexosterwalder.com/

- **Clientes**: Quem são as pessoas que mais se interessariam pelo seu negócio. Você pode ter um perfil específico, nicho ou estereótipo;
- **Canais**: Como você vai ficar em contato com os clientes. Você deve pensar nas diferentes fases, desde a compra até o pós-venda;
- **Relacionamento:** Como você vai manter, captar e aumentar o número de clientes. São estratégias para fazer essas três ações;
- **Proposta de valor:** O que você está oferecendo aos seus clientes de forma única;
- **Recursos chave:** Quais são os recursos essenciais para manter o seu negócio rodando, desde a parte estrutural, de pessoas, etc;
- **Atividades chave**: Quais são as tarefas que você precisa fazer para o seu negócio funcionar;
- **Parceiros chave:** Quem são os parceiros que fazem a diferença no seu negócio, desde fornecedores, entidades e afins;
- **Custos:** Quais são os custos envolvidos na startup, sejam eles diretos ou indiretos;
- **Receitas:** Como você vai ganhar dinheiro. Qual será a maneira utilizada para gerar lucro.

Passos para montar um excelente Canvas

Posso dizer que eu e o Canvas somos conhecidos de longa data. Devo ter analisado aproximadamente uns 300 Canvas na minha carreira. Apenas em dezembro de 2014, avaliei e passei dicas para 42 Canvas. Essa foi uma ação no grupo do Facebook "Mundo Empreendedor" (entre lá), onde disponibilizamos conteúdo voltado para o empreendedorismo, na qual lancei um desafio: para quem me mandasse um Canvas até 23/12, eu faria uma análise e enviaria um áudio com as minhas considerações. Isso sem contar um montão de cursos que já fiz por aí sobre o tema. Portanto, eu posso lhe dizer que é algo muito comum do meu dia a dia. Veja a seguir algumas dicas extras sobre o Canvas.

Antes de começar, lembre-se que, no início, é bom ser bastante flexível com as ideias e explorar as possibilidades. Afinal, você pensará sobre algo novo e inusitado. Portanto, criticar "ideias sem sentido" não é muito bom.

1. O ponto mais falho do Canvas é que ele deveria ter uma linha na parte de cima com a seguinte pergunta: qual é o problema? (Isso será debatido com profundidade no próximo capítulo.) Quando você pensa no modelo de negócio, parte de algo que quer resolver, e o Canvas começa de uma ideia (solução) para você colocar no papel. Portanto, comece com essa pergunta.

2. Grande parte das pessoas dizem que não tem ordem, mas acho que isso prejudica o desenvolvimento do Canvas. Eu sempre indico começar pelos clientes. Quem mais sofre com aquele problema que você citou? No caso, quanto mais específico for, melhor. Lembre-se que é uma startup e, portanto, você precisa testar hipóteses. Descobrir exatamente quem atacar e ser o mais focado possível, pois assim será mais fácil atingir seu alvo.
3. Vá para a proposta de valor e não coloque apenas o que é o seu serviço ou produto (o que ele resolve). O mais importante aqui é acrescentar o diferencial. Afinal, em um mercado tão competitivo e dinâmico, manter a sua diferença é muito importante para o marketing, produto e cultura que você está construindo. Como você resolverá o problema daquelas pessoas sendo diferente das outras ofertas que existem no mercado?
4. A respeito dos canais, pense em quais serão os principais pontos de contato com o cliente que vão ter toda a sua atenção. O cuidado para ter uma boa comunicação é um dos melhores jeitos de manter os clientes ativos.
5. Quando você pensar no relacionamento com o cliente, em primeiro lugar, sempre considere como mantê-los com você. Quais estratégias e ações serão desenvolvidas para que eles não queiram deixar a sua startup? Depois é abordado como será atraído o público-alvo para convertê-lo em clientes. Esses dois pontos são ótimos para quem está começando. Para quem já tem uma startup rodando e está nos momentos finais de confirmação do melhor modelo de negócio, é importante colocar a terceira parte de como expandir. O que fazer para que esses clientes consumam mais, ou tragam outros para o seu negócio?
6. Agora veja as atividades chave e pense, para fazer tudo aquilo que já escrevi até aqui acontecer, que ações eu preciso realizar? Essa é a forma de encontrar exatamente as tarefas primordiais do seu negócio.
7. Chegou o momento dos recursos chave, onde você analisa novamente tudo o que foi escrito antes e pensa: o que eu preciso de recurso para fazer tudo isso acontecer? Dessa maneira, ficará bem mais claro ver o que é mais importante e essencial para a sua startup ter.
8. Sobre os parceiros que farão parte da jornada, quem poderá ajudá-lo consideravelmente a realizar tudo que está do lado direito (aquilo que você definiu até o momento)São pessoas, empresas, fornecedores, líderes de opinião, quem quer que seja, que você deve fazer esforço para manter próximos.
9. A respeito dos custos, acredito que você já imagine o que vou dizer, não é? Averiguando o que já foi determinado, qual é o custo da brincadeira até o momento? Escreva até mesmo aquilo que você consegue de graça, por exemplo: já tem o escritório, os computadores, um profissional de marketing, etc. Isso é ótimo, mas escreva mesmo assim.

10. Chegou a hora boa: de receber. Olhando para cima, pense: como eu vou ter retorno de tudo isso? Qual é a melhor alternativa para rentabilizar? Aqui é um dos lugares em que mais acontecem pivotamentos; você muda o jeito de ganhar dinheiro. Também, mesmo que tenha algumas opções *freemium* (ou seja, gratuitas), coloque aqui, para ter controle do que poderia ser cobrado.

Essas são algumas dicas para você ter um Canvas bem mais funcional e útil para o seu negócio. Obviamente, tem muito mais para se aprender, desde cultura que pode ser percebida em alguns pontos, até fatores críticos de sucesso. No entanto, eu teria que fazer um livro praticamente só sobre isso. Fique ligado em cursos e vídeos que eu lanço por aí, bem como de outros experts, que você vai aprendendo. Existem ótimos cursos de graça sobre o assunto na internet; o da Belzinha, da FazInova, é muito bom. Além disso, o livro mais famoso de Canvas é o *Business Model Generation*, de Alexander Osterwalder (Lançado no Brasil pela Editora Alta Books).

Para refletir
Hoje, você tem claro como é o modelo de negócio da sua empresa?

O Canvas é a melhor forma de ter a clareza de como a sua startup atua.

E o Design Thinking?

Convidei a minha querida amiga Tatiane Carrelli, expert em inovação, para falar sobre o assunto e dar uma ideia rápida para vocês.

> *O Design Thinking, mais do que um método, com seus processos e ferramentas, é uma filosofia, uma escolha de como uma empresa pode agir no seu dia a dia. A base principal dessa filosofia é colocar o cliente no centro de todas as suas ações. Para isso, é preciso conhecer profundamente o seu cliente, suas dores, aspirações e necessidades, bem como, muitas vezes, se colocar no lugar dele, vivenciando suas emoções.*
>
> *Empresas que vêm utilizando o Design Thinking para a criação dos seus produtos e serviços ao longo dos anos se destacam da concorrência, pois conseguem criar algo que tem um significado real para o seu cliente.*

Se você ficou com dúvidas, eu fiz um e-book com as perguntas mais cabeludas que me fazem sobre Startups – você pode baixá-lo lá no Mundo Empreendedor.

CHUVA DE IDEIAS

http://www.handtalk.me/

Você pode simplesmente falar no seu celular, que ele repassa a mensagem em libras. Assim, você tem mais facilidade para se comunicar com pessoas que têm algum problema auditivo.

http://www.compreienaovou.com.br/

O jeito mais rápido e fácil para você revender o convite de um evento em que não vai mais, bem como conseguir ingressos mais baratos ou para shows que estão esgotados.

http://runrun.it/

Plataforma para você gerir projetos, distribuindo tarefas à sua equipe e controlando a entrega de prazos e o desempenho dos envolvidos.

http://www.scoop.it/

Você define temas que gostaria de saber das notícias na web, e essa plataforma mostra tudo para você. É possível compartilhar os mais interessantes com as pessoas que lhe acompanham no Scoop.it.

http://www.evino.com.br/

Clube de assinatura em que, mensalmente, especialistas selecionam e enviam diferentes vinhos para você consumir.

https://www.eventick.com.br/

Plataforma para você vender ingressos dos seus eventos profissionais e até familiares, como o famoso churrasco. Em vez de passar na casa de todo mundo cobrando ou pegar o dinheiro no dia, as pessoas fazem o acerto pela web.

https://evernote.com/

Essa é a melhor ferramenta para você colocar suas ideias, fotos, áudios, anotações e tudo o que precisa para manter-se organizado. Você também pode compartilhar esse material com as pessoas para agilizar a troca de informações.

PARTE II

Os cinco passos básicos para criar startups

"Quanto maior o problema, maior a oportunidade. Ninguém vai lhe pagar para resolver um não problema."

— Tina Seeling

PASSO 1 — **O primeiro de tudo é o problema**

É aqui que tudo começa, mas é também um dos erros primordiais das startups — pensar em algo para fazer e sair vendendo. Não é assim que se inicia um negócio de sucesso.

Muitos experts no tema ficam indignados com isso (estou entre eles). Afinal, você já viu: ter um grande propósito, uma missão forte na qual lutar, é o que lhe dará forças para encarar todas as incertezas. Porém, isso parte de um problema, não de uma solução. Mas, por quê?

Deixe-me fazer uso da neurociência para começar a lhe explicar. O primeiro sentimento que surgiu nos seres humanos foi o medo, e a antítese do medo é a segurança. Essa dualidade tem fonte na preocupação primordial do instinto animal, inerente a todos os seres humanos, que é a sobrevivência.

Explicando melhor... Você tem medo e busca segurança antes de qualquer coisa, porque é o mais importante para sobreviver. Depois vêm outras coisas, como felicidade, alegria e prazer. De uma forma muito simples, isso quer dizer que você não vai buscar o prazer, enquanto não se sentir seguro.

A ordem na mente é essa, e também deve ser na hora de montar o seu modelo de negócios. Portanto, você deve começar uma startup se perguntando: **qual é o problema?**

Outras perguntas que vão ajudá-lo a entender melhor esse contexto que você está abordando são:

- O que incomoda as pessoas?
- Por que as incomoda?
- Qual situação é essa?
- Qual dor isso causa?
- Quais são as consequências disso?

Entender qual é o sentimento ruim proveniente desse problema e a sua intensidade é um grande parâmetro para definir se vale a pena seguir adiante na busca de uma solução para resolvê-lo ou não.

Pense comigo, quanto mais algo o incomoda, mais você está disposto a pagar para resolver aquilo logo. Por isso, encontrar situações adversas é tão crucial no início. E, por mais paradoxal que isso pareça, **quanto maior a encrenca que você quer resolver, maior potencial o negócio pode ter.**

- **Mandando bem desde o início**

  Um detalhe importante: não fique apenas se indagando sobre isso enquanto tira uma soneca na praia — "o que está acontecendo com o mundo; em que poderia ajudar?" Você deve ir atrás disso, conversar com as pessoas e procurar pesquisas sérias.
- **Não imagine, investigue!**

  Não adianta nada apenas suas percepções. Quanto mais você trocar ideias e entender a fundo essa situação adversa e suas peculiaridades, mais consistência terá na hora de criar o seu negócio. Neste primeiro momento, é bom conversar com pessoas distintas para ter pontos de vista variados e entender bem o contexto do que você está explorando.
- **Evite principalmente as pessoas agradáveis que concordam com tudo para alegrá-lo. Isso pode atrapalhá-lo!**

  Ainda mais importante é analisar pesquisas de entidades sérias. Muitas vezes, elas apontam os principais pontos do problema para as pessoas, o que realmente atrapalha e o quanto. São dados que podem ser muito úteis na hora de decidir qual é a verdadeira adversidade a ser encarada.

Para refletir
A empresa em que você está hoje resolve exatamente qual problema? Qual é o maior incômodo que essa adversidade causa nas pessoas?

PASSO 2 — Entenda quem são os clientes e só depois dê a solução

Se você fez tudo certinho no primeiro passo e gastou uma boa dose de energia identificando um problemão, conversou com diversas pessoas e encontrou algumas pesquisas para chegar a essa conclusão: parabéns, belo começo! #Uhu #FelizPorVc

Concluir essa etapa é muito importante para que você possa fazer os demais passos **com maior precisão**.

A grande pergunta aqui é: **quem tem esse problema?**

Pense muito bem em:

- Quais são as pessoas que mais se incomodam com ele?
- Que perfil elas têm (persona)?
- Onde elas estão?

Definir quem é esse público mais atormentado pelo problema faz toda a diferença para analisar se existe um potencial negócio. Afinal, você não quer criar um negócio para atender meia dúzia de gatos pingados, não é? O público que você vai ajudar deve ter um número significativo.

Também muito importante é que, com esse alvo bem definido, será possível elaborar estratégias de marketing mais precisas para testar o seu produto, pois você deverá ir atrás daqueles que mais sofrem com a adversidade em questão.

E, mais uma vez, a melhor forma de chegar a uma boa conclusão é sair de casa ou do escritório e falar com as pessoas. Buscar quem você acredita ser essa persona[1] e entender se realmente são, o quanto efetivamente sofrem com o problema, o quão urgente e necessário é para ser resolvido... Não despreze essa ação, pois é o melhor jeito de não sair investindo tempo e energia nos clientes errados.

Tendo feito o dever de casa como um nerd que só tira nota dez na escola, você terá em mãos um grande problema e ainda saberá bem como são as pessoas que mais sofrem com ele... Ok, agora sim, soltem os foguetes e toquem as cornetas. É o momento de pensar em ajudá-las e começar o seu business.

Veja os seguintes exemplos:

- Pessoas estressadas que não têm mais tempo de comprar coisas para a casa;
- Pais e mães solteiros que voltam com pressa para casa, normalmente de trabalhos estressantes em cidades grandes, e que fazem as compras no mercado rapidamente para poder passar mais tempo e cuidar dos seus filhos. Irritam-se constantemente por faltar coisas em casa, pois esqueceram-se de comprar devido à correria. Sentem-se para baixo por acharem que não estão conseguindo ser suficientes para seus filhos.

Qual dos dois é o melhor para começar uma startup? Veja que, quando você tem uma descrição muito boa da situação-problema e de quem mais se aborrece com ela, as ideias começam a fluir com naturalidade. Já pensou em alguma?

A pergunta da vez para começar o seu modelo de negócio é: como vou resolver o problema dessas pessoas? O seu produto/serviço começa aqui.

Esse é o momento de pensar na solução, levantando possíveis formas de sanar aquela situação incômoda. Quanto mais rápido e de forma mais simples você puder resolver isso, melhor será para o seu negócio.

---

1 É um perfil o máximo detalhado possível.

No entanto, não se esqueça que estamos falando de startups, que desafiam o **status quo**[2] e trabalham em condições de extrema incerteza. Então, a outra pergunta para ajudar a desenvolver uma solução é: o que ainda não foi feito para resolver esse problema?

Outras questões que podem surgir são:

- De que forma ninguém ainda tentou solucioná-lo?
- Em que lugar ainda não existe esse tipo de negócio?
- Qual seria o jeito mais estranho de resolver esse problema?
- Por que essa solução é diferente para o problema dessas pessoas?

Não tenha medo de pensar em esquisitices. Afinal, muitas pessoas achavam que jamais colocaríamos nossas fotos na web e olha aí as #Selfies no Instagram e no Facebook. Nesse primeiro momento, a pior coisa que você pode fazer é ser cri-cri e limitador. Deixe a mente rolar solta e pense na maior quantidade possível de ideias.

Uma ajuda para liberar as amarras da criatividade é pensar: qual é o pior jeito de resolver esse problema? E O mais engraçado? O mais rápido? O mais longo? Como o meu tio resolveria esse problema? E o meu sobrinho? Como o meu super-herói favorito resolveria esse problema? E o meu vilão favorito? E a pessoa mais chata do mundo?

E você pode estar se perguntando, "como eu vou saber se já existe ou não essa ideia?" Ora, use o Mr. Google, amigos e pessoas que entendem do tema. Assim, você poderá chegar mais próximo dessa resposta.

Para refletir
Você sabe exatamente como são as pessoas que mais sofrem com o problema que a sua empresa resolve hoje?

PASSO 3 — **O mínimo possível (MVP – Minimum Viable Product)**

Esse e o próximo tópico são os mais importantes para um startuper. É a grande diferença entre quem vai se dar bem no game e quem vai morrer na praia. O maior diferencial desse universo está exatamente nesses dois pontos. Leia-os pelo menos umas três vezes! Se você fez um bom trabalho no final da atividade

[2] Jeito habitual, muito previsível.

anterior, deve ter agora um turbilhão de ideias e possibilidades. Ok, *good job,* mas vamos filtrar isso aí...

Queremos encontrar as ideias que mais ajudam as pessoas naquele determinado problema. O que causaria mais impacto? O que é muito diferente? O que poderia ser usado até em outras coisas (lembre-se, repetível) O que as pessoas possivelmente gostariam de mostrar para as outras ou, ao longo do tempo, adquirir mais (lembre-se, escalável).

O que você precisa fazer, em um mercado rápido e dinâmico, repleto de incertezas, é verificar rápido! A melhor forma de diminuir os "achismos" de como será o mercado é validar a sua ideia. Portanto, qual é o mínimo necessário que você precisa desenvolver para testar o seu negócio e ter um feedback do público?

É muito comum as empresas quererem ser um canivete suíço, com mil e uma utilidades, e muitas soluções. Porém, para chegar a isso, leva-se bastante tempo, dinheiro e energia. Então, vamos pensar como uma startup, ou seja, o mínimo possível, para saber o que o mercado realmente quer.

Para saber isso, você precisa colocar a sua ideia na mão daqueles que mais necessitam e ver se ela efetivamente ajuda. Esse é o grande foco. E, neste tópico, estamos falando do que e como desenvolver.

Duas boas perguntas para ajudar nesse momento são: o que eu posso deixar de lado? Que aspecto dessa minha ideia não é tão fundamental, a ponto de que, sem isso, eu ainda conseguiria resolver o problema?

Energia e tempo são os maiores recursos de uma startup. Portanto, tenha certeza de que estão no lugar certo.

Pitch de fuzilamento: Caso ainda esteja em dúvida sobre qual insight escolher para seguir em frente, apresente aos seus amigos e peça para criticarem a sua ideia o máximo possível, para que veja todas as fragilidades do projeto antes de entrar na fase de elaboração do MVP. Isso pode ajudar muito a decidir.

Pense em quanto tempo, dinheiro e energia desperdiçará se você ficar um ano elaborando uma solução com mil e um benefícios e as pessoas simplesmente não comprarem, ou não acharem que é uma boa solução para o problema delas. Não é melhor saber isso o quanto antes?

Lembre-se que você não quer apenas testar o produto/serviço, mas o seu modelo de negócio como um todo.

Para refletir
Dos últimos lançamentos que você viu ou participou, quanto poderia ter excluído do produto ou serviço e, mesmo assim, ter obtido um bom feedback? No último lançamento, poderia ter feito o mesmo teste com a metade do tempo?

PASSO 4 — **Aprenda rápido e tente novamente**

Algumas pessoas gostam de pensar neste quarto tópico junto com o anterior (MVP). Eu prefiro deixá-los separados, pois acredito que a montagem do MVP é algo crucial e requer muita atenção aos vários detalhes. Acredito que fica mais eficiente pensar nela em um momento anterior, para, depois, começar a questão de aprendizagem e ajustes.

> *"Sem dúvida, não há nada tão inútil quanto fazer com grande eficiência o que não devia ser feito de modo algum."*
> – Peter Drucker

Esse é praticamente o novo nome do jogo: **velocidade**. O mercado é dinâmico demais. Um lançamento hoje já pode ser muito antigo amanhã; em poucas horas, uma publicação pode causar uma repercussão inimaginável. Então, para um universo tão ligeiro quanto o papa-léguas, estar no mesmo ritmo é crucial.

O grande ponto é você lançar o seu MVP e, o quanto antes, validá-lo – (ou seja, saber o que foi bom e ruim), e assim ajustar para testar novamente, buscando melhorar. O que uma startup mais quer é encontrar seu modelo de negócio em meio a tantas incertezas.

Você vai usar o mínimo possível (tópico anterior) para averiguar as suas crenças. O ponto chave é: como eu posso verificar — da forma mais rápida, barata e simples possível — se a minha solução resolve o problema daquelas pessoas que mais sofrem com ele?

A ideia é parar com o "achismo" e partir para as certezas, deixando o mercado lhe dizer o que ele quer e não quer.

Como? Você pode usar a web para fazer isso, lançando os menores protótipos possíveis, avaliando a reação de diferentes públicos, lançando versões *freemium* (ou seja, gratuitas), dando recompensas para as pessoas participarem, entrando em comunidades e grupos de discussões e lançando o tópico, etc.

O que você não pode esquecer, como já falamos, é de *"get out of the building"* (isto é, sair do prédio). Essa famosa frase de Steve Blank para os empreendedores é vital aqui. Não seria muito esperto querer entender seus clientes e validar sua ideia apenas sentado diante de um computador, esperando os dados ou perguntando via e-mail. Esteja *in loco*, veja as pessoas usarem o seu produto ou serviço, preste atenção nas dificuldades no próprio momento, e veja as reações positivas e negativas. Isso será crucial para saber onde ajustar e até mesmo, depois, no marketing sobre o que falar do seu negócio. Afinal, os futuros clientes vão querer saber como vão se sentir ao usar seu produto ou serviço.

E, principalmente, lembre-se que a pergunta primordial é: estamos resolvendo o problema?

O que você precisa ter em mente nesse momento:

- Aceite que, inicialmente, acertar e errar são partes comuns do dia a dia de uma startup;
- O foco inicial está em enxergar os desperdícios e eliminá-los para aprender rápido;
- O que você está buscando aqui é ser produtivo onde realmente interessa;
- Consiga informações qualitativas (feedbacks) e quantitativas (dados) para tomar decisões;
- Você está descobrindo mais do que confirmando.

Falamos muito de errar e da importância disso. Você deve ter tido quase que uma lavagem cerebral sobre o assunto. No entanto, não fique aceitando o mesmo erro demasiadamente. Afinal, o importante é evoluir, sendo constantemente diferente e melhor.

> *"Fazer algo pela primeira vez e errar é humano. Fazer exatamente o mesmo e esperar resultado diferente é loucura."*
> – Albert Einstein

Se você conseguir fazer testes rápidos e modificações naquilo que realmente importa para validar novamente, deixando esse ciclo cada vez mais rápido e assertivo, você construirá uma startup vencedora.

Caso seja necessário pivotar,[3] você precisa estar com a mente sã e focada, analisando o fracasso dos seus testes, feedbacks negativos e incompreensões. Também deve estar atento se a evolução do produto está abaixo do nível adequado. Essas questões normalmente são indícios de que uma ação de mudança drástica no cerne do negócio deveria ser considerada.

As formas mais comuns de pivotar são:

---

[3] Partir para uma direção bem diferente.

- Clientes-alvo – Aqueles que foram pensados inicialmente como os que mais precisavam da sua solução (podem não ser);
- Característica diferenciadora – Aquele benefício que você pensava ser o mais especial e singular não é percebido pelos clientes como tal, ou não é o suficiente para ser pago a um valor adequado;
- Modelo de rentabilidade – A forma como você está buscando ganhar dinheiro não tem sido sustentável ou atraído clientes suficientes;
- Plataforma – As pessoas não conseguem usar direito o seu produto ou serviço, ou tem grande dificuldade de entender como ele funciona;
- Canal – Os clientes estão com dificuldade de manter contato com você ou acessá-lo para tirarem suas dúvidas, comprarem, fazerem sugestões, etc;
- Eficácia – Não resolve adequadamente o problema dos clientes.

Para refletir
Quando a sua empresa lança um produto ou serviço, qual é a velocidade de aprendizado sobre ele? Quanto tempo demora para acontecerem os primeiros ajustes?

Lançamento de startups – Existe um e-book rápido para lançamentos no grupo Mundo Empreendedor.

PASSO 5 — **Tente a escala quando estiver forte**

Você lembra qual é um dos maiores diferenciais das startups? Estava super-destacado lá na descrição... A escalabilidade.

O empreendedor espera que o seu negócio saia como um foguete e alcance projeções estratosféricas rapidamente. Quando estamos falando de startups, essa questão das formas e possibilidades de escalar já se faz presente desde o início. No entanto, a sua aplicação não deve ser feita até o modelo de negócio estar bem estruturado.

Esse é o X da questão, pois, antes de sair turbinando tudo, tenha a certeza de que a ideia base passou no teste, ou seja, pelo menos 85% das pessoas aprovaram o produto (resolveu o problema) e voltarão querendo mais.

Não tenha medo de voltar para o passo anterior quantas vezes for necessário, a fim de ajustar e testar rapidamente sua ideia, até chegar no ponto de dizer que está pronto. Você não vai querer acelerar algo que está indo para o lado errado. As perguntas que você deve fazer quando chega nessa fase são: como você vai fazer para que os clientes tragam outros? Como você vai fazer eles voltarem e quererem muito mais do seu produto/serviço?

Normalmente, as formas de se fazer isso são:

- Produto – Ele é tão único e inovador que os clientes comentam entre si e o "boca a boca" ganha projeção. O problema é que grande parte dos empreendedores acredita que seu produto é assim, mesmo não sendo, e acabam por deixar de trabalhar na escalabilidade;
- Usabilidade – Você facilita a utilização do produto, para que seja mais atrativo ou vantajoso quando usado com outras pessoas (acredito ser uma das alternativas melhores e menos complexas);
- Promoções – Para o cliente comprar novamente ou assinar. É necessário, de alguma forma, incentivá-lo a continuar com a empresa ou trazer algum conhecido para experimentar;
- Relacionamento – São cuidados que você tem, como um bom canal, plantão tira- dúvidas/assistência 24 horas, enfim, qualquer coisa que faça o cliente se sentir bem e tranquilo para procurá-lo. Também existem ações para o cliente continuar com você, como programas de pontos, mensagens em datas comemorativas e afins.

Crie estratégias que são como pequenas ondas e não foque apenas em uma grande ação viral. Elas funcionam melhor. Achar que vai acontecer como aqueles vídeos engraçados que todo mundo vê, como, por exemplo, o *Gangnam Style*[4] e o *Ice Bucket Challenge*[5], é muito pouco provável. Tem muita gente que tenta desesperadamente essa onda gigante de visualizações, mas não existe fórmula. E, além disso, não dá tanto retorno como você pensa.

O melhor que você tem a fazer é realizar ações precisas e constantes para continuar estimulando o mercado e ir crescendo de forma rápida e sustentável. Algumas sacadas para isso são:

- Promoções diferentes – Para as pessoas experimentarem o produto, compre um e leve dois e garantia de devolução do dinheiro em até 30 dias;
- Versões *freemium* – Modelos gratuitos para os interessados conhecerem melhor do que se trata e pagarem por uma versão melhor depois, ou terem uma versão gratuita por um tempo limitado, o qual, após ser extrapolado, passa a ser cobrado;

---

[4] Música composta pelo artista Psy, cujo vídeo no YouTube chamou a atenção do mundo todo.

[5] Desafio em que as pessoas viravam um balde de água com gelo na cabeça, com o objetivo de promover a conscientização sobre a doença esclerose lateral amiotrófica e arrecadar doações..

- Conteúdo dinâmico e interativo – Materiais extremamente relevantes sobre o mercado e possibilidades para o público. Uma empresa colocava os mais diferentes objetos no liquidificador para provar que ele era bom, conseguindo triturar tudo ("Will It Blend?");
- Competições – Provocam o cliente a realizar alguma ação, como tirar uma foto com o seu produto ou fazer um vídeo interagindo com a sua marca;
- Correntes – Quando uma pessoa precisa chamar a próxima para realizar algum desafio.

Nesse momento, é comum usarmos o Growth Hacking (GH), uma técnica de marketing que tem sua atuação exatamente nesse ponto de escalabilidade. Ela combina o que existe de melhor da tecnologia, métricas sociais e pensamentos analíticos para encontrar formas diferenciadas de crescimento vertiginoso, normalmente de baixo custo. O objetivo do GH é vender bem e atrair muita atenção (é um dos temas em que eu mais acredito atualmente e gosto de estudar bastante a respeito).

Hoje, os melhores lugares para espalhar suas ideias e produtos na web são:

- Grupos do Facebook;
- Grupos do LinkedIn;
- Blogs;
- Pessoas-chave;
- Instagram;
- YouTube;
- Afiliados;

Qual é o melhor marketing para uma startup?

Inbound Marketing – atração pelo conhecimento. Hoje, estamos em uma era em que não adianta você ficar forçando a venda incisivamente, em especial na web, com e-mails a todo momento, infernizando o público-alvo. O grande objetivo é ser um PC (ponto de compra), não um PV (ponto de venda), em que não seja necessário se oferecer, mas sim realizar ações para atrair as pessoas — fazer elas desejarem comprar de você.

O Inbound está exatamente nessa linha. Ele utiliza de diferentes formas para captar a atenção do consumidor, fazendo com que ele veja a sua startup como uma referência em determinado setor e assunto. Consequentemente, quando ele precisar de algo naquele sentido, procurará por você.

Claro que, com o uso dessas estratégias ao longo do tempo, você poderá enviar ofertas para o público que acompanha o seu negócio, mostrando oportunidades únicas. No entanto, ele estará bem mais receptível à sua startup nesse momento.

Atualmente, as formas mais usadas para atrair pelo conhecimento são:

- E-books – Conteúdos rápidos sobre um assunto que a empresa domina. São dinâmicos, interativos e intrigantes. Nada de manuais do produto;
- Infográficos – Simples e divertidos para passar uma informação importante de um jeito diferente;
- Vídeos – Contêm alguma história ou explicam algo interessante do mercado e as possibilidades de uso do produto para o consumidor;
- Webinars – São como os vídeos, só que em versões maiores e ao vivo, para poder conversar com os clientes e responder dúvidas. É mais interativo, porém bem mais longo;
- Áudios – Estão começando a cair na graça do público, que pode colocar no celular e escutar quando quiser, e isso é bem comum de acontecer no deslocamento para o trabalho.

As maiores referências no Brasil sobre o assunto são Resultados Digitais, Rock Content e ContenTools. Você pode conseguir materiais incríveis para estudar com eles, em seus sites, blogs e fanpages. Por fim, você também pode contar com as formas pagas do AdWords, AdSense, Boo-box e FaceAds, os quais conseguem disseminar o seu produto para um público bem segmentado e ainda dar uma ótima mensuração das suas ações.

Para refletir
O que a sua empresa tem feito de melhor para que os clientes comprem ainda mais e tragam seus amigos?

"É difícil o equilíbrio que todo empresário e CEO precisa aprender a manter: proteger sempre a reputação, mas não temer errar."
– Richard Branson

A EQUIPE E O MASHUP KNOWLEDGE

O que mais vale nas startups são as pessoas e como elas se combinam.

Por acaso, o próprio termo *Mashup Knowledge* é de suma importância, mas não tão conhecido por aqui no Brasil, e significa a "mistura mágica de conhecimentos". Ok, a palavra "mágica" foi adicionada para enfeitar e deixar mais legal, mas o conceito relata sobre como você lida com diferentes conhecimentos dentro da sua equipe e, principalmente, como eles são combinados para solucionar aquele problema de uma maneira inovadora e enfrentando as incertezas.

Estar cercado de diversos especialistas em várias áreas do conhecimento (como, por exemplo, uma pessoa que entende de marketing, outra de vendas, uma geóloga, outra bióloga, uma do financeiro, etc.) faz com que essa miscelânea de visões diferentes tornem o negócio mais completo. Esse conceito também se aplica para habilidades.

E esta preocupação será sempre a maior de todas: quem são as pessoas que estarão com você? Afinal, lidando com tantas indefinições com relação ao negócio, torna-se necessário ter profissionais engajados no propósito e com aptidões para conseguir encontrar uma forma de vencer qualquer situação.

O momento de procurar o time certo é desde o Passo 1 ("O primeiro de tudo é o problema"), pois são as pessoas que estão com você que farão com que consiga avançar para as etapas seguintes. Este tópico foi apresentado aqui apenas para não quebrar a ordem lógica da formação de uma startup.

Construa um time que tenha objetivos iguais, com habilidades e conhecimentos diferentes.

Mentores: Nesse ponto também vale considerar quem são os profissionais com quem você pode buscar conselhos e conexões, além de procurar quando estiver enfrentando as famosas encruzilhadas do seu negócio. Ter excelentes pessoas que o ajudam a atravessar as incertezas, com suas experiências, ideias e rede de contatos, é vital nesse game.

Para refletir
Hoje, que profissional não agrega nada à sua empresa? E qual seria importante agregar?

A cultura nas startups – Você pode baixar no grupo um e-book sobre a cultura ser fundamental para as startups.

CHUVA DE IDEIAS

http://www.cuponeria.com.br/

Faz você ficar ciente de bons descontos naquilo que procura ou, ainda, mostra boas vantagens de compra.

https://www.acorns.com/

Os centavos que faltam para completar o dinheiro cheio, essa Startup pega para investir em outras Startups. Você vira um investidor com centavos.

http://clapme.com/

https://netshow.me/

Dois sites de transmissão de shows online para artistas se apresentarem ao vivo, onde e quando quiserem, para qualquer pessoa do mundo poder ver. Além de visibilidade, o artista também pode monetizar seu trabalho!

http://www.doatorium.com.br/

Você consegue doar itens para as pessoas que realmente precisam. Quem não gosta de fazer o bem, ainda mais para aqueles que mais necessitam?

http://www.easygarage4u.com/

Está gastando muita grana para estacionar o carro no local onde trabalha ou até perto da casa da namorada(o)? Por que não alugar uma garagem? Assim, você não terá mais problema para encontrar lugar, nem pagará caro por ele.

http://www.namorofake.com.br/

Você pode encontrar a namorada(o) dos seus sonhos, mesmo que seja de mentirinha, aumentando sua autoestima, causando ciúmes, ou apenas deixando sua mãe feliz.

NÃO VAI SER FÁCIL

> *"Não há ideias brilhantes, apenas execuções brilhantes."*
> – codiretores do Startup Weekend, Marc Nager, Clint Nelsen e Franck Nouyrigat

Muita gente lê ou ouve histórias fascinantes de empreendedores que já deixaram seu nome na história da humanidade, tais como Bill Gates, o criador da Microsoft; Mark Zuckerberg, do Facebook; Sergey Brin e Larry Page, do Google; Romero Rodrigues e Rodrigo Borges, do Buscapé. Enfim, eu poderia fazer uma lista absurdamente gigante de pessoas que são inspiradoras e que começaram tudo a partir de startups.

Essas pessoas acreditaram em suas ideias, mesmo sendo muito inovadoras e de alto risco para a época. Fizeram grandes esforços, despontando no mercado e transformando-se em grandes sucessos. Mas, eles são extraterrestres ou, como muitos comentam, **simplesmente tiveram sorte**? Sorte nada, eles ralaram e muito para chegar até onde estão hoje. A não ser que você chame de sorte dedicação e trabalho duro... Aí tudo bem.

> *"Ouvimos com frequências histórias inspiradoras de pessoas que começaram do zero e, com muito trabalho, atraíram sorte para suas vidas."*
> – Tina Seeling

É preciso estar ciente dessas partes difíceis, que muitas vezes ficam por baixo dos panos, até porque, para a mídia, os perrengues ou fracassos não são tão empolgantes de contar, apenas "de leve" para dar um drama e valorizar as histórias. Os louros da vitória são ótimos. No entanto, entender o que será necessário encarar para consegui-los é fundamental.

E, se para o empreendedor "comum" já é complicado vivenciar essa realidade, no universo das startups as dificuldades se multiplicam, devido ao risco e às incertezas de se criar algo inusitado e impensado. Sério, não é um mar de rosas, infelizmente...

Se você realmente quer ter um negócio que venha a dar certo, terá que se dedicar a ele muito mais do que pensa que é preciso, abraçar os riscos e beijar o improvável (meu momento poeta). E, para crescer, terá que trabalhar muito mais... Muito mais!

No mercado atual, as startups se diferenciam de negócios comuns por terem diversas vantagens, como possibilitar feedbacks mais rápidos, disseminar o produto, sem lançar para verificar a aceitação, ter flexibilidade em mudanças e velocidade em ajustes no modelo, entre outras. Você terá alguns coringas para encarar a dura jornada.

Alguns dias, quando você acordar, o mundo parecerá estar contra você, mas, mesmo assim, será necessário buscar forças e motivações de algum lugar para continuar a luta. Normalmente, isso virá do seu propósito, que o puxará e manterá seguindo adiante.

Eu quero que você encare essa jornada, mas esteja preparado. Vá com tudo e fique de olhos bem arregalados, atento, e se prepare psicológica e fisicamente, pois o bicho vai pegar, mas valerá a pena.

Uri Levine, fundador do Waze, dá quatro dicas de ouro aos interessados em entrar nesse universo:

1. Se apaixone pelo problema que você está resolvendo, não pela sua solução;
2. Foco não é aquilo que você está fazendo, mas sim o que você não está fazendo, e essas são as decisões difíceis;
3. Cometa os seus erros rapidamente, para que possa consertá-los ainda mais rápido;
4. Pense em como você vai tornar o mundo melhor para todos, não só para você.

Na linha de saída, tenha em mente que você deve aprender o mais rápido possível para montar um negócio escalável, repetível e sustentável.

Um convite especial para você: Tem um ótimo álbum na fanpage[6] do livro com mais de 200 entrevistas com empreendedores comentando suas maiores dificuldades no empreendedorismo e o que fazer. É interessantíssimo ver os problemas, as adversidades pelas quais passaram, e entender o que você vai encontrar. Você certamente vai se inspirar muito com diversas histórias e dicas que eles passaram com tanto carinho. O bom é que muitos deles até deixaram ficar marcados, para que você entre em contato e troque mais ideias.

---

6 www.facebook.com/arevolucaodasstartups

VIRANDO GENTE GRANDE – O MOMENTO DE SE TRANSFORMAR EM EMPRESA

"O seu ego jamais poderá ser maior que os seus objetivos."
– Biz Stone

Em primeiro lugar, para conseguir chegar lá, é preciso entender que a startup não é igual a uma empresa tradicional! Temos inúmeros exemplos de profissionais com milhões em dinheiro e experiências corporativas, fazendo o recomendado MBA de Harvard em administração, mas que ainda assim falham nesse universo. As startups são diferentes.

A grande questão é que, quando as incertezas foram transformadas em um modelo de negócio sólido, com crescimento escalável, passaram-se dois anos. Chegou o momento de dizer adeus à denominação de startup para virar uma empresa. É ainda melhor quando conseguem chegar nesse estágio com ótimos times e uma cultura bem estabelecida. Por sinal, são as com mais chances de conseguir essa transição.

De qualquer forma, uma nova percepção se inicia, e não é tão fácil essa nova fase. Alguns dos maiores cuidados que é preciso ter nesse momento são:

- Ter uma hierarquia muito vertical;
- Baixar demasiadamente a velocidade de experimentação;
- Perder o senso de propósito;
- Desvalorizar as novas ideias;
- Faltar flexibilidade para a equipe tomar decisões rápidas.

Mesmo que agora sejam empresas, é pertinente manter alguns traços das startups e continuar próximo desse universo. Você já notou o quanto elas são diferentes, e tem uma certa ideia sobre a importância de estar perto delas (no capítulo seguinte, veremos ainda mais). Porém, como o livro é sobre startups e aqui elas já viraram empresas, #ParaTudo e vamos voltar às nossas queridinhas.

Aquele "mumu"[7] extra que você queria!

---

7 No sentido literal, doce de leite. Porém, aqui, quer dizer uma supervantagem, um presente, um benefício.

VOCÊ PODE PROMOVER ANTES DE PRODUZIR

Sim, é isso mesmo, você leu corretamente. Você pode promover antes de lançar oficialmente um produto no mercado. Por acaso, no universo das startups, esse é o formato mais comum de acontecer, também chamado, às vezes, de *prova de conceito.*

Lembre que os recursos são escassos, ou praticamente inexistentes, quando comparados a uma grande empresa. Portanto, essa é forma mais rápida para a startup verificar se o seu negócio terá sentido ou não, se haverá pessoas interessadas e dispostas a pagar, se o mercado aceitará bem a ideia e se tem essa necessidade. Ela definirá a questão de produzir e disponibilizar a oferta aos clientes apenas depois de obter essas respostas. Digamos que esse é o primeiro encontro da startup com o risco e as incertezas, então por que já não verificar se existe a possibilidade de vencê-los antes de entrar na batalha?

Qual é a principal vantagem de promover antes de lançar? Não desperdiçar recursos que são limitados e que poderiam ser investidos em outras coisas. Acertar logo no alvo, ir direto ao ponto e, assim, ter maiores chances de sucesso no mercado de uma forma mais rápida e precisa.

Essa é uma tendência mais enxuta, irada e relevante que tem mudado muito a forma de montar um business e de se pensar em empreendedorismo. Esse "testar" de forma simples e sem muito custo é uma grande novidade para o mercado, e não só as startups estão utilizando-a: as empresas também estão aderindo a essa forma.

Em algumas consultorias que prestei recentemente para empresas, uma das grandes dúvidas sobre o uso do conhecimento de startups era justamente na questão de lançamento de produtos, quão pesado seria investir nisso e se haveria retorno adequado. Apresentei esse modelo das startups para fazermos com custo quase zero.

O normal seria eles investirem na engenharia, já pensando na embalagem do produto, marketing e afins, e reservando uma certa verba extra para problemas imprevistos. Em vez dessa loucura, que resulta em milhões de planilhas tendenciosas, fizemos diferente. Testamos com o uso de duas plataformas e alguns alinhados para relacionamento, como Instagram, Facebook e apoio de blogs de interesse do mercado. A partir disso, conseguimos definir quais eram os produtos mais desejados pelos consumidores, bem como conseguimos um belo adiantamento deles. Você deve estar pensando, "mas o custo não era quase zero?" Nesse caso, só ganhamos.

Vamos à prática para você entender melhor:

Por exemplo, se você quisesse lançar uma galeria virtual de arte com obras de vários artistas iniciantes – isso seria algo novo (pelo menos, eu acho) –, você poderia muito bem validar essa ideia antes de investir no início do projeto. É possível realizar alguns testes para verificar se essa "nova forma" de compra será atrativa aos interessados nesse tipo de mercado, e isso pode ser feito sem custo algum.

Então, quais são essas maneiras?

As mais diferentes possíveis, como conversar com as pessoas nas ruas ou fazer testes no Facebook disponibilizando uma ou outra obra e deixando o seu contato para compra, ou até mesmo no Instagram.

Assim, as pessoas interessadas já estariam se comunicando com você sobre suas dúvidas, interesses, críticas e sugestões, além de, principalmente, se mostrarem com disposição para comprar ou não. Um blog com as obras e comentários, com e-mail para contato em caso de intenção de compra, também seria ótimo para verificar as primeiras reações ao conceito.

A internet está aí para apoiá-lo, e não só para ser fonte de informação. Utilize-a ao seu favor. Existem muitas ferramentas que você poderá usar para fazer todos esses testes, desde um vídeo simples no YouTube, até estratégias mais complexas. Enfim, existem diversas maneiras de conseguir esse feedback rápido e com pouco investimento.

Outro ponto muito interessante e clássico das startups nessa questão é o uso do crowdsourcing, no qual você pode pedir para as pessoas que têm interesse na sua ideia, a ajudarem a montá-la junto com você. No caso do exemplo da galeria, seria possível encontrar pessoas que entendem de internet para elaborar um bom site, outras que se especializam em redes sociais para ajudar na disseminação, outras que são caçadoras de artistas talentosos, e por aí vai. Existe muita gente na web que quer ser útil e usar seu talento para causas em que acreditam. Veja o poder da Wikipédia.

Case deste próprio livro — Quando eu estava fazendo o livro e tinha terminado de adicionar todas as ideias iniciais, fiquei em dúvida. Será que é isso mesmo que o público gostaria? Fui para a rede e perguntei para as pessoas queridas, amigas, divinas, carinhosas, amadas e milhões de elogios a mais se elas gostariam de me ajudar. Anunciei que mandaria um capítulo do livro para a pessoa ler, fazer apenas críticas construtivas e me enviar de volta. Imagine a minha alegria quando 130 pessoas aceitaram esse desafio, e mais de 61 o concluíram. Eu fiquei perplexo com tanta gente, e mais ainda ao ver o poder do crowdsourcing, pois foram dicas incríveis que me ajudaram a deixar o livro bem mais adequado para você. (Você pode ver a lista de todas essas feras na fanpage do livro, no álbum: "Quem fez o livro acontecer – Crowdsourcing".)

A ferramenta mais tradicional e que ajuda muita gente é o **crowdfunding**, um tipo de financiamento coletivo em que você disponibiliza a sua ideia de um produto ou serviço para investimento do capital social. É determinado um número mínimo de pessoas e um valor pago por cada uma para iniciar o projeto. Caso a meta seja batida, você recebe o valor para começar a operar a sua ideia; caso contrário, tudo continua na mesma. As pessoas ficam com o dinheiro e você descobre que o interesse do mercado não é como esperava. É simples e eficiente.

Deixe-me dar um exemplo. Você quer começar a vender camisetas, mas não sabe se o público estará disposto a pagar, gostará do seu conceito e tudo mais. Você pode se inscrever em uma dessas plataformas e colocar lá o que você quer fazer, quanto precisa e o que as pessoas vão receber se isso acontecer. No caso, você pode pedir R$25,00 por camiseta e, se conseguir vender 100 camisetas e atingir a meta de R$2.500,00, elas serão produzidas; caso contrário, você não fará nada. Isso lhe dará a garantia de saber que já existem pessoas interessadas no produto, bem como uma grana para começar.

Além disso, existem plataformas como o Broota,[8] que é a primeira plataforma de investimento coletivo para startups (equity crowdfunding) da América Latina. O equity crowdfunding é uma modalidade de investimento colaborativo voltado para a captação de recursos, a fim de viabilizar empreendimentos. Entretanto, ao contrário do crowdfunding tradicional, onde o investidor recebe brindes ou até mesmo o produto como recompensa pelo capital aportado, no modelo de equity crowdfunding, o investidor recebe uma participação acionária da empresa que incentivou a criar.

Para refletir
Como são os lançamentos na sua empresa? Existem produtos ou serviços encalhados que o mercado não quis desde o seu surgimento?

Teste e valide suas ideias no mercado como as startups. Deixe os "achismos" para aqueles que têm dinheiro, tempo e energia para jogar fora.

[8] www.broota.com.br

AS REDES SOCIAIS E AS STARTUPS

A melhor forma de interagir com as pessoas, disseminar conteúdos, entender o contexto do mercado, verificar interesses, colher feedbacks rápidos e lançar ideias é, sem dúvida, através das redes sociais. Isso é interessante para qualquer empresa. Porém, para as startups, o poder, a velocidade agregada a esse meio de comunicação e o baixo custo as tornam praticamente suas melhores amigas.

Dentre todas essas possibilidades das redes sociais (RS), dividimos suas formas de uso mais comuns pelas startups em duas categorias: o **poder de disseminação**, que é o fim mais utilizado por grande parte das pessoas que visam compartilhar ideias, expor pontos de vistas, lançamentos, análises de interesse do mercado, tendências, etc; e o **relacionamento**, com feedbacks, conversas com os clientes, crowdsourcing, etc., o qual é um pouco menos utilizado que o primeiro.

As redes sociais são o meio mais rápido para os startupers poderem interagir e evidenciar o seu negócio. O grande poder de compartilhamento proporciona um ganho de espaço e visualização sem limites. Uma vez que você disponibiliza um conteúdo em sua rede, em pouco tempo alguém gosta e compartilha, podendo acarretar um ciclo de exposição altíssimo, ganhando cada vez mais escala de disseminação, e tudo isso sem custo algum.

Portanto, quando você quiser testar a "temperatura" de um insight, ou até mesmo descobrir o que as pessoas estão querendo naquele determinado momento, utilize as redes. Lá, você consegue lançar o que precisa e ter quase que de forma imediata o retorno do público e, dessa forma, ter uma boa previsão do que seria melhor ou não fazer, ouvindo diferentes opiniões e analisando seu impacto através de indicadores.

Interagir com o seu público é a melhor forma de entendê-lo, saber o que agrada ou não, verificar onde você está acertando e o que deveria melhorar. Ou seja, as redes sociais são hoje a melhor forma de comunicação direta entre você e seus clientes ou *prospects*.

Um dos principais pontos é esse poder de encontrar o público que se identifica com o seu produto e propósito, pois, caso ele se identifique, vai ajudar a espalhar isso pelo mundo. Pense que, por meio de um simples clique, as pessoas podem influenciar outras tantas a comprarem algo ou não, se engajarem em causas, e por aí vai.

Algo incrível para você fazer tudo isso que foi comentado é utilizar as redes sociais específicas para determinado tipo de público, como amantes de cachorros, culinária, arquitetura, design, etc. Existem redes sociais de praticamente tudo que é jeito e, se não encontrou alguma do seu interesse, está aí uma oportunidade.

> *"As redes sociais são uma das maiores fontes de informação para quem está pensando em validar um negócio. Usando a busca por informações ou simplesmente perguntando, é possível extrair informações valiosas antes mesmo de inciar um negócio. Com isso, você pode conhecer os hábitos do seu público e saber o quanto o que a empresa deseja oferecer tem de demanda"*
> – Camila Porto, expert em redes sociais.

Na atualidade, algumas redes são usadas por praticamente todas as startups e acabaram se destacando pelo seu poder de disseminação e relacionamento. São elas:

Facebook

Essa é a rede mais poderosa no Brasil hoje. Possui uma força gigantesca, devido ao número de pessoas que estão lá e a quantidade de tempo investido dentro dela. Você conta com um leque muito grande de possibilidades para disseminar e se relacionar. As mais comuns são:

Fanpage: É o perfil da empresa. Você poderá criar os mais diferentes conteúdos para atrair e fidelizar seus clientes, mostrar o que está sendo desenvolvido, e apresentar suas ideias, lançamentos e promoções;

Perfil de usuário: Local em que você pode adicionar pessoas e assim ampliar o seu networking com o mundo, além, é claro, de disseminar mensagens e conteúdos. Só pode ser usado por pessoas, mas o perfil do empreendedor líder nas startups é superimportante. Portanto, usá-lo como forma de propagar a fanpage é muito útil;

Grupos: Existem grupos de discussão específicos para cada tema. Isso é bom para você interagir no meio que lhe interessa e assim acompanhar a opinião das pessoas sobre seu produto, ideias e serviços;

Eventos: Você pode agendar lançamentos, criando um evento que mostra a quantidade de pessoas interessadas e fica marcado na agenda das pessoas. Aqui, todas as informações colocadas serão notificadas às pessoas que comparecerão, ao contrário da fanpage e do perfil, que vão apenas para alguns.

A possibilidade de fazer anúncios pagos, altamente segmentados para o seu público de interesse, e a facilidade em analisar o impacto das suas ações fazem do Facebook uma das melhores armas das startups.

Instagram

Apesar de ser mais simples, voltado apenas a imagens e fotos, ele está ganhando cada vez mais espaço. Muitas empresas já perceberam isso e começaram a utilizar essa rede para desenvolver campanhas mais criativas, colocar a imagem do produto para venda ou frases de impacto que despertam o interesse de seus clientes, o que os faz pensar em aspectos relevantes do mercado ou no propósito da empresa.

Você poderá utilizá-lo para fazer pesquisas e assim obter feedbacks, caso tenha dúvida entre um lançamento ou outro. As pessoas interagem muito nessa rede social, principalmente o público mais jovem.

LinkedIn

O LinkedIn possui uma certa relevância e, por isso, não pode passar despercebido. A sua finalidade é para contatos profissionais. Ele auxilia muita gente a buscar talentos, a expor suas experiências on-line, e a encontrar possíveis clientes, fornecedores e parceiros de negócios.

Existem também grupos de discussão que são ativos. Ele faz um link com o seu e-mail e, sempre que você se cadastrar em algum grupo, receberá o que se passa na discussão, tornando mais fácil se manter informado e, de certa forma, também expor suas ideias para obter feedbacks.

Twitter

No começo, o Twitter era uma febre. Todo mundo queria ter um. No entanto, essa forma reduzida de caracteres e a necessidade de estar o tempo todo acompanhando para saber o que acontece foram os maiores empecilhos para ele ter uma maior receptividade aqui no Brasil.

Porém, mesmo assim, ele é bastante utilizado como um meio de se propagar ideias, notícias, etc. Enfim, é uma fonte de disseminação a mais.

Eu já tenho o Twitter faz tempo e confesso que não obtive muitos resultados. No entanto, existe hoje um número bem significativo de brasileiros que o utilizam, então você não deve descartá-lo.

YouTube

É uma das frentes que mais tem crescido. O uso dos canais nesse site está preocupando até o pessoal da TV aberta, de tanto que o público tem ficado por aqui. O YouTube vem de encontro ao Facebook. Ambos andam juntos, pois os vídeos são colocados em um e disseminados no outro, pelo menos aqui no Brasil. Quem nunca viu um vídeo bem legal ou interessante e o compartilhou no Facebook? É tão simples que você faz naturalmente, e isso se espalha também por outras redes.

Esse meio tem sido muito aproveitado pelas startups, pois é a terra dos vídeos. As pessoas o veem e escutam, o que é bem melhor para passar uma mensagem persuasiva ou um conteúdo dinâmico. O bom é que os assinantes do seu canal recebem um e-mail quando você lança algo, e ele pode ser encontrado no Google em meio às pesquisas orgânicas das pessoas.

Algo um tanto novo e que muita gente vem utilizando são os **hangouts**, ferramenta 100% gratuita, com a qual você pode fazer um bate-papo ao vivo para expor suas ideias, realizar lançamentos e responder perguntas na hora.

Procure no YouTube "Startup Crazy" e veja esse exemplo (curta e compartilhe para ver como é fácil, além de ajudar o companheiro aqui).

SlideShare

Essa é uma ferramenta que cresce a cada dia, aumentando seu número de usuários e a relevância em buscadores. Você pode colocar suas ideias e o que você está desenvolvendo em apresentações simples, rápidas e precisas. Esse tipo de ferramenta agrada muito aquele perfil de público que é mais visual ou tem mais facilidade para aprender por tópicos.

As pessoas visualizam o seu conteúdo e também podem baixá-lo. Ainda existe a opção das pessoas seguirem o seu perfil e, dessa forma, acompanharem os passos da sua startup.

Portanto, existem muitas formas de disseminação em redes sociais importantes que você poderia utilizar no seu dia a dia. Elas serão o seu apoio e a forma mais rápida de comunicação, pois são um ótimo meio de espalhar suas ideias e assim obter retorno de forma cada vez mais rápida e precisa.

> **Para refletir**
> *Se a empresa em que trabalha usasse as redes sociais de uma forma mais eficiente, o quão benéfico poderia ser?*

As redes sociais são as vozes e os ouvidos mais rápidos que uma startup pode ter.

O PITCH MATADOR

Pitch significa apresentação rápida, decisiva e vendedora. Agora, se as pessoas conseguem cumprir, é outros 500. No entanto, é o que elas esperam quando você vai prestigiar algum. Esse é um dos pontos mais cruciais para as startups. Afinal, serão realizados vários, para amigos, clientes, investidores, público de eventos, fornecedores em empresas... Você está vendendo um negócio incerto. Quanto melhor for a sua persuasão nesse momento, maior a chance de vencer as chances improváveis de sucesso.

O objetivo é deixar o público fascinado e maluco em querer ter aquilo que está sendo apresentado. Como o pitch é algo muito importante nas startups, pois esse é o seu momento de se vender, devemos ter alguns cuidados.

O maior esquecimento dos empreendedores, bem como um erro fatal, é não se preocupar com o tipo de público que assistirá a apresentação. Normalmente, as startups criam um pitch único, que serve para todos os lugares e tipos de público, mas esquecem que cada pessoa possui interesses diferentes. Por isso, podem não alcançar os resultados que gostariam.

Para ajudá-lo a fazer um **pitch matador** e deixá-lo ainda mais preparado para quando surgir o momento, veja a seguir alguns pontos cruciais:

- Você sempre tem que se perguntar qual é o interesse daquele público;
- Começar a apresentação falando sobre o interesse do público, para já atrair sua atenção;
- E, da mesma forma, encerrar falando desse mesmo interesse, para fixar ao máximo a mensagem;
- Nem todas as informações vão interessar a todos os públicos;
- Tenha sempre em mente qual é o seu objetivo com aquela apresentação;

Normalmente, o que você falará gira em torno desses assuntos, direcionado no foco do público. Clientes querem saber sobre como ele resolve o problema e porque é diferente dos demais, investidores querem saber como vão ganhar dinheiro com isso, fornecedores querem saber das formas de venda e projeções. Perceba que cada um deles tem sua atenção voltada para determinado ponto.

Existe um PDF sobre cada tipo de pitch para os diferentes públicos no grupo “Mundo Empreendedor”, destacando o que mais interessa para cada um.

Veja a seguir algumas curiosidades sobre os pitchs:

- Os mais normais são os de 30 segundos até 15 minutos. A partir disso, já é considerado speed talk;
- O termo pitch refere-se a uma apresentação de elevador (*elevator pitch*), porque você teria de 30 segundos a um minuto para vender a sua ideia, caso entrasse em um elevador com um investidor ou cliente. Por acaso, muitos startupers fazem isso;
- Para lidar com as incertezas, se você conseguir fazer uma criança de sete anos entender o seu modelo de negócio no pitch, ele está bastante claro e objetivo;
- O segredo não está nos slides, mas sim em saber passar a ideia.

Para refletir
Você saberia vender a sua empresa em 30 segundos?

O segredo do pitch é você conseguir colocar o seu objetivo dentro do foco de interesse do público.

A CONCORRÊNCIA COMEÇOU A CHEGAR...

Enquanto você aprende e se esforça para descobrir algumas coisas do mercado e chegar a algumas certezas, a coisa está relativamente tranquila. No entanto, quando a sua startup começa a fazer um pouco de sucesso, aparecem aquelas pessoas que não confiam suficientemente em suas próprias ideias e percepções, para copiar o negócio que você está desenvolvendo. Não adianta ficar bravo, pois isso vai acontecer independentemente de você ficar assim, e nem sempre é algo ruim (às vezes, elas ajudam a disseminar o novo conceito e diminuir as incertezas). No entanto, é pertinente ficar atento sobre a concorrência em startups:

- Lembre-se que, como já foi comentado algumas vezes, esse é um jogo de velocidade. Então, aprenda mais rápido do que os outros e se manterá na frente. Enquanto seu ciclo de lançar novas frentes, medir, aprender, ajustar e tentar novamente for rápido, você estará bem. A encrenca é parar em cima do pouco que descobriu;

- Invista nos seus clientes, tanto no marketing de relacionamento quanto no conteúdo qualificado para eles. Quanto mais forte for a sua base, mais "clientes advogados", defendendo e disseminando o seu negócio você terá. Aposte em quem já está com você;
- Não tenha medo ou vergonha de se mostrar como líder e/ou pioneiro naquele negócio. Esses são os dois melhores diferenciais para gerar autoridade. Caso você não seja um destes, procure outro relevante para o seu público. Logo, assuma a postura de quem você realmente é, e comunique isso com força e criatividade;
- Não pense neles como seus inimigos. Como ambos ainda estão lidando com incertezas, serem parceiros e descobrirem caminhos em que podem atuar juntos é melhor do que entrar em combate. Afinal, já existem tantas dificuldades no mercado e os recursos são escassos, não vale gastar também com briga;
- Entenda que, mesmo com um grande número de concorrentes, enquanto você estiver seguindo verdadeiramente um propósito, a maior disputa é com você mesmo, para que seja melhor do que já foi e ainda é;
- Foque em ter e manter uma excelente equipe. A maior diferença sempre estará no que a startup pode e está fazendo com a combinação de conhecimentos e habilidades que possui.

Para refletir
Como a sua empresa lida com a concorrência hoje?

No mundo das startups, na maioria das vezes, concorrentes e parceiros são a mesma coisa. A diferença está em como você lida e se relaciona com eles.

OS CINCO MAIORES MITOS DAS STARTUPS

Será comum ouvir algumas besteiras imensas sobre startups de muita gente. Agora, já que você está se tornando uma pessoa entendida no assunto, além de saber como realmente funcionam e são as coisas, poderá identificar quem apenas finge saber do assunto, mas não sabe bulhufas. Algumas atrocidades que as pessoas contam:

1. **Startups são qualquer ideia que está surgindo e que só usa a internet**

   A internet é o principal meio para disseminar, mas não é tudo. Já vi startups que usavam apenas o celular, e SMS como principal forma de disseminação. O mundo real tem muitas oportunidades e formas de ajudar no desenvolvimento do negócio. E, principalmente, não é qualquer negócio. Lembra das incertezas?

2. **Startups não precisam de treinamentos**

   Quanto mais rápido a pessoa entender a dinâmica de trabalho e cultura, mais cedo os resultados virão;

3. **Trata-se apenas de tráfego e conversão**

   Não é apenas isso. A verdadeira essência está no aprendizado entre esses dois aspectos e saber onde e como melhorar o modelo de negócio;

4. **Sempre precisam de investidores**

   Já vi várias startups que se deram melhor sem nenhum tipo de apoio financeiro, crescendo apenas de forma sustentável;

5. **O grande valor está na ideia**

   Você já deve ter chegado à conclusão que não, são equipes incríveis com propósitos relevantes que fazem elas vencerem incertezas e alcançarem grandes patamares. Milhões tiveram a ideia do Facebook antes, mas apenas uma equipe o fez daquela forma.

Os 11 maiores erros das startups

1. Faltar foco no MVP;
2. Não pensar no lucro;
3. Não ter com clareza a diferença do produto/serviço;
4. Confiar demais na escala, na captação de usuários e leads;
5. Empreendedor, amigos e parentes mostrarem empolgação exagerada;
6. Demorar para lançar e aprender;
7. Ter paixão pela ideia de empreender ou pelo glamour, e não pelo propósito;
8. Ter a certeza de que a sua ideia vale mais do que realmente vale;
9. Selecionar os sócios apenas por boa relação interpessoal;
10. Não estar disposto a trabalhar muito mais do que imagina;
11. Deixar os cargos subirem à cabeça.

> *"Costumo dizer que, se você não tiver vergonha da versão 1.0 que lançou do seu produto, isso quer dizer que demorou demais para lançá-lo."*
> – William Draper III

Você pode ver no YouTube o "Hangout: Mitos e Erros das Startups e Empreendedores", um bate-papo muito interessante sobre o assunto.

Baixe o áudio extra com os comentários de cada um no grupo "Mundo Empreendedor".

CHUVA DE IDEIAS

http://www.startuptravels.com/

Você pode verificar as startups que existem em diferentes lugares e ver a possibilidade de visitá-las quando estiver lá (mentores e investidores também estão na lista).

https://www.cabenamala.com.br/

Você finalmente pode ganhar dinheiro com a muamba. Se for viajar, traga encomendas para as pessoas e receba por isso, simples assim.

http://bugagentesbiologicos.com.br/

Pensando na qualidade da produção agrícola, essa empresa produz e comercializa agentes biológicos (normalmente são vespas), que reduzem a necessidade de agrotóxicos.

http://www.piipee.com.br/

É um suporte plástico que, colocado na borda do vaso sanitário, reduz em até 80% o consumo de água, pois libera um poderoso líquido (biodegradável e ecologicamente correto) para a higienização do mesmo.

http://precifica.com.br/

É uma precificação inteligente dos seus produtos de acordo com a concorrência no mercado. Você define as regras, e a plataforma ajusta tudo para você de acordo com os preços, demandas e afins.

https://www.qranio.com/

É um game de perguntas e respostas em que você pode ganhar vários prêmios. Além disso, as empresas podem fazer um marketing bem direcionado e inovador nele.

DESAFIO DAS STARTUPS

"Focar no dinheiro restringe o problema e, consequentemente, a solução."
– Tina Seeling

Olhando para cada uma das imagens a seguir, pense em um problema, nas pessoas que mais sofrem com ele e em uma solução.

- Problema: ____
- Pessoas: ____
- Solução: ____

- Problema: ______________________________
- Pessoas: ______________________________
- Solução: ______________________________

Tire uma foto da sua ideia e compartilhe com o mundo; veja o que as pessoas acham.

Analise a situação e defina o problema, as pessoas que mais sofrem com ele, uma solução, o MVP (O produto mínimo possível) e como você escalaria a sua ideia no seguinte caso:

Hoje, o celular tomou conta das nossas vidas, tanto que cada um de nós normalmente tem mais de um. Durante praticamente todo milésimo de segundo livre, olhamos para ele para checar se alguém nos procurou, responder mensagens e anotar recados. Até quando não há nada para fazer, matamos o tempo nele. Porém, até mesmo quando não temos tempo sobrando e estamos no meio de situações que requerem toda a nossa atenção, nos deixamos levar por essa vontade enlouquecedora de olhar o celular.

- Problema: ______________________________
- Pessoas: ______________________________
- Solução: ______________________________
- MVP: ______________________________
- Escalabilidade: ______________________________

PARTE III

O que é um ecossistema de startups?

"Se você não esta preparado para errar, você nunca conseguirá fazer nada original"
— Sir Ken Robinson

Um ecossistema é um lugar onde se formenta o universo de startups e empreendedorismo.

Para você que gosta de definições, é um lugar em que a sociedade, as empresas, o governo, as universidades e as entidades buscam desenvolver um ambiente agradável e propício ao empreendedorismo, atraindo e retendo startups através de conexões e incentivos, aumentando as suas chances de sucesso.

Eu costumo dizer que os ecossistemas se dividem em dois tipos: os **não programados ou naturais** e os **programados**.

Não programados ou naturais

São mais raros de acontecer, mas temos alguns exemplos espalhados pelo mundo, entre os quais um dos mais importantes e conhecidos é o Vale do Silício.

Foi toda uma sucessão de fatos que, ocorrendo de forma não planejada, transformaram aquele lugar no berço do empreendedorismo. Em suma, foi devido a uma universidade que valorizava o perfil empreendedor, da qual muitos profissionais começaram a se aproximar interessados nas pessoas, oportunidades e conhecimento lá existentes.

Aqueles que lá estavam começaram a atrair outros com o mesmo perfil e, juntos, começaram a se aproximar das empresas, passando a inovar dentro e fora delas com o apoio da universidade. Profissionais e empresas interessados em inovação perceberam o grande potencial da região e passaram a investir naqueles talentos. Assim, startups começaram a surgir em grandes quantidades.

Esse é um resumo simplista para explicar o que foi uma sucessão de fatos não planejados que resultaram em tudo que o Vale é hoje. Claro que, ao longo do tempo, quando líderes do lugar perceberam todo esse potencial, fizeram de tudo para aumentar a mágica do local. No entanto, não foi uma estratégia bem definida como outras que vamos citar aqui.

Programados

São ambientes pensados e planejados de forma estratégica, contando com a participação de entidades como **governo, empresas e universidades**, que, juntos, iniciam o ecossistema, sendo esse um local propício para as pessoas empreenderem com maior qualidade e chances de êxito.

Foi assim que surgiram diversos lugares propícios ao desenvolvimento de startups ao redor do mundo, como Vancouver, Las Vegas, Chile, Israel, Malásia, Singapura e, mais próximo, Belo Horizonte.

Por serem planejados, eles conseguem ser mais estratégicos e precisos com relação às ações no ambiente, além de manter os vínculos entre os pilares: governo, sociedade, empresas, universidades e entidades mais próximas aos startupers.

Não pense que nesses lugares não existiam pessoas empreendedoras. Elas estavam por lá, tanto em comunidades quanto sozinhas, como sempre estão em todos os lugares. Porém, até então, não havia ali um ecossistema desse nível, que pudesse transformar todo aquele ambiente em uma grande referência de captação e retenção de talentos empreendedores. Muitas cidades passaram a ser destaque somente depois que se organizaram e agiram em uma remodelação, pensando nesse objetivo. Por exemplo: Nova Orleans, Boston e, agora, a Arábia Saudita.

O que tem acontecido para que "mudanças" nesses lugares planejados venham a acontecer?

É justamente o poder da **revolução das startups**.

As startups estão contribuindo para que esses lugares venham a se reestruturar de uma forma mais competitiva, aumentando a qualidade de vida através de mais startupers, ideias inovadoras, novos conhecimentos e a criação de novos modelos de negócios que possam vir a impactar o mundo.

Nesses ecossistemas, a característica mais comum que se observa é a presença de inúmeros empreendedores vindos de diferentes partes do mundo. São pessoas que querem fazer algo significativo, que pensam em criar negócios inovadores e realmente estão dispostas a fazer isso por um propósito maior. Estão sempre em busca do novo e atentas às mais diferentes oportunidades. São elas a base fundamental para que as mudanças boas aconteçam nos locais escolhidos.

O grande impacto causado por esses startupers é o exemplo de se aventurar no empreendedorismo e sua energia incentivar outros a tentarem também.

Como é o ambiente por trás do local "planejado"?

O governo, a universidade e o setor privado estabelecem o lugar mais propício para aproximar esses startupers e atrair outros (chamamos esse local específico de polo). Logo começam a promover e incentivar as mudanças naquele local, as quais são necessárias para o surgimento de todo um ambiente de novos negócios de risco.

Por que?

Porque os startupers e empreendedores vão precisar de um lugar adequado à realidade "maluca" em que eles vivem.

Então, começam as mudanças na forma de se construir os prédios. Se antes o pedido era com quartos maiores e salas menores, agora observa-se o inverso. Eles vão priorizar mais os pontos de confraternização, tais como a sala, a área de lazer e a piscina, e não o quarto necessariamente, até porque eles vão passar um tempo mínimo lá e muito mais horas nos outros locais de convivência e interação.

Os bares, cafés e boates também se modificam.

Se antes existiam mais mesas pequenas nos bares, elas agora serão trocadas por mesas maiores, onde todos podem ficar juntos para conversar e trocar ideias, importante até mesmo para eles poderem trabalhar ou desenvolver algum projeto rápido (deve incluir muitas tomadas elétricas também).

Cafés são um dos ambientes mais tradicionais de reuniões e trabalho, onde a galera procura se descontrair para ter novas ideias, conhecer pessoas diferentes e passar um bom tempo. Então, nas cafeterias, passam a ter diversos jogos, e o ambiente busca ser mais coletivo para incentivar a aproximação das pessoas. É supercomum você encontrar até telões, data show e aparelhos de som para pequenos eventos. A lógica é que, quanto maior a conexão entre os startupers do ambiente, maior a possibilidade deles ajudarem uns aos outros e maiores as chances de terem sucesso.

A mente dessas pessoas está sempre em efervescência e, a todo o momento eles possuem ideias, estejam onde for. Assim, até mesmo as boates se preparam para isso de diversas formas: colocando lousas nas paredes, deixando canetinhas espalhadas em locais estratégicos, disponibilizando mais tomadas de energia, enfim, transformando-se em lugares divertidos onde também se possa trabalhar (é meio doido, mas é real).

As lojas e mercados entendem que esse tipo de público não possui tanta grana, então até os valores das coisas vêm a atender essa característica, como créditos.

Os horários de pessoas que trabalham até bem tarde e gostam de fazer coisas durante a madrugada devem ser considerados em alguns ambientes de necessidades básicas, como lojas de conveniência.

Ou seja, tudo é voltado para que eles possam se inspirar e se sentir cada vez melhor onde estão. Todos devem ter a mente aberta e ser flexíveis para testarem as propostas das startups em seus negócios e vida, até porque eles acabam sendo um dos principais contatos e *early adopters* [1]dos mesmos.

Os ambientes são muito mais coloridos, inusitados e instigantes, com o objetivo de proporcionar um aconchego maior e estimular a criatividade e o prazer de estar ali. É muito bom estar em um lugar assim, onde cada detalhe foi preparado para fomentar o empreendedorismo, despertar novas ideias, exercitar a criatividade e desenvolver o networking. Assim, a pessoa irá sentir-se ainda mais confiante de que poderá desenvolver o seu máximo ali. É como se houvesse uma placa dizendo: "Aqui é realmente o melhor lugar para você tornar os seus sonhos realidade."

---

1 Primeiros a experimentar algo.

Muitas pessoas confundem o que é um ecossistema. Algumas têm mesmo uma visão reduzida do ecossistema e o limitam a uma incubadora, um coworking comunitário ou apenas mais um espaço de interação. No entanto, obviamente, a ideia é maior.

Ecossistema engloba tudo que o lugar possui para fomentar o empreendedorismo, sendo estruturado para atender todas as necessidades desse publico, como incubadoras, coworkings, lojas, prédios, incentivos do Poder Público, universidades, praças, cafeterias, etc. Essa é a resposta, caso um startuper faça a seguinte pergunta: "Por que eu deveria empreender aqui?" Quanto mais você conseguir oferecer aos startupers, maior será o interesse no lugar. Muitas vezes, parte do apoio a quem já faz parte da comunidade para abraçar e receber bem os empreendedores. A consequência é que, quanto mais eles forem chegando, mais outros grandes nomes das startups vão querer aparecer e inúmeros eventos e iniciativas vão começar a surgir, tanto que o lugar começará a ganhar o status de ótimo ambiente para empreendedores.

Agora, quando falamos sobre o polo, fazemos referência ao ambiente centro dessa captação dos empreendedores. É o ponto de encontro onde as principais frentes acontecem. É o lugar que as pessoas interessadas visitam primeiro, o ponto que chama atenção para depois disseminar os talentos, investidores e quem tiver interesse no resto do ecossistema. Normalmente, ele é um coworking principal do ecossistema e tem vantagens para startups que estão chegando na região ou começando, para que possam desenvolver seu business com diversos incentivos, que vamos falar ao longo do capítulo.

As duas grandes funções de um polo são captar startups e talentos para depois disseminá-los pelo ecossistema.

Além do planejamento de uma cidade, região, estado e/ou país, deve-se entender que isso começa a ser trabalhado a partir de uma cultura empreendedora. Ou seja, são muitas pessoas envolvidas, desde o governo incentivando os startupers a virem empreender, estimulando o próprio setor privado local a se reestruturar e investir, até as universidades atraindo mais pessoas com espírito empreendedor que também venham a desenvolver conhecimentos de forma a agregar novos produtos e serviços. Além daquelas iniciativas, eventos e entidades terem maior apoio, a mídia aborda mais sobre o assunto, e por aí vai...

E como esses ecossistemas atraem os melhores talentos até eles?

Por meio dos programas.

Normalmente, os programas criam competições para atrair as melhores startups e os melhores empreendedores até o ecossistema. As pessoas enviam seus currículos junto com suas ideias para os responsáveis do programa selecionarem. O foco central está nos empreendedores por trás dos negócios, pois são esses startupers que ajudarão a fomentar esse "clima" empreendedor.

Os ecossistemas atraem esses talentos por meio de aporte financeiro, dando um tipo de "incentivo" para que o empreendedor possa vir. Às vezes, esse investimento capital é feito em troca de uma participação na startup, o que não é uma boa ideia e não acontece nos melhores do mundo. Os aportes variam entre R$80.000,00 e R$120.000,00, para que o empreendedor tenha recursos para desenvolver o negócio nesse ambiente por algum tempo.

O aporte financeiro é oferecido justamente porque é desejável que os melhores startupers estejam lá, ajudando a fomentar a criação de novos negócios por meio do exemplo, promovendo eventos e desafios para provocar a visão de startuper, ensinando a sociedade sobre essa nova forma de empreendedorismo e compartilhando tendências mundiais. Além dos incentivos para atrair empreendedores, são adotados programas locais, como incentivos à economia local através da atração de empresas e startups que buscam estar perto de onde acontece a inovação.

Além de capital, o programa oferece mentorias, parcerias, ambientes para estadia e trabalho, comunicação com a mídia e líderes, e facilidades nas lojas, bares e cafés, bem como um acompanhamento na ambientação do startuper.

Esses programas exigem que os empreendedores fiquem por um tempo de seis meses a um ano, e depois eles são incentivados a se transferirem para parques tecnológicos, incubadoras, coworkings, aceleradoras e afins. O objetivo maior é manter mentes inovadoras atuando no ecossistema.

Os programas até podem ter um conceito parecido com o das aceleradoras, mas são bem diferentes. Eles não possuem a intenção de vender ou querer participação na startup; a real intenção é atrair o empreendedor, e fazê-lo fomentar e incentivar outros, causando impacto onde estão. Normalmente, os programas abastecem as aceleradoras, parques e coworkings com as startups que resultam de sua ação.

Algo frustrante

Muitas vezes, os empreendedores da região querem criar um ecossistema estruturado e planejado. Entretanto, a possibilidade de falhar é imensa, porque todos os agentes (governo, universidade e empresas privadas) têm necessariamente que compartilhar a ideia para fazer tudo isso funcionar. Como você viu, são muitas coisas necessárias para um bom ecossistema, e a participação de cada uma das peças-chave é fundamental. Infelizmente, a maioria das comunidades de startupers começam a se reunir, mas, com o passar do tempo, a falta de apoio acaba fazendo com que se afastem para cuidarem dos seus próprios negócios, esquecendo a formação do ambiente empreendedor.

Lembre-se, a criação de um ambiente e cultura empreendedora são necessárias para um forte ecossistema.

Startup Cluster – É a denominação que temos para quando um ecossistema é desenvolvido em uma região com foco específico em startups de determinado setor. Por exemplo, na Finlândia, um ecossistema de games foi desenvolvido, voltado para startups que tenham interesse nessa área, o que também acaba atraindo investidores, empresas, aceleradoras, centros de pesquisa e curiosos do setor. Ou seja, tudo lá é pensado para atrair empreendedores com esse foco. Em Buffalo, está começando o Startup Cluster na área de gastronomia. Projetos que tenham afinidade com esse setor serão apoiados, e a cidade está se estruturando para isso. Essa é uma tendência muito forte hoje.

Para refletir
Como é o ambiente em que você está para empreender? Quais incentivos você tem para empreender nesse lugar?

QUEM SE BENEFICIA COM AS STARTUPS?

Os principais beneficiados desse universo das startups são a sociedade, o governo, o setor privado, a economia e as universidades.

Sociedade

Por terem sempre essa busca de um propósito maior, as startups geralmente visam resolver os problemas que mais afetam a população, trazendo uma melhor qualidade de vida, crescimento e desenvolvimento para o local, e até mesmo ganhando proporções de nível mundial.

São muitos os apps e soluções que vieram delas e que, por meio da inovação, têm causado grande impacto na sociedade, desde a melhora no trânsito, na infraestrutura urbana, na segurança, na saúde, no saneamento, no bem-estar... Enfim, praticamente tudo tem o envolvimento delas.

Hoje, percebe-se que caminhamos para uma sociedade mais consciente, que tende a aproveitar melhor os seus recursos para proporcionar meios sustentáveis de manutenção da população. O que muitas vezes era visto como algo sem solução, hoje, com as startups, percebemos que existem as mais diferentes possibilidades para resolver esses mesmos problemas.

Pense nos congestionamentos que afetam cidades do mundo inteiro... Então, surgiu o Waze, que mudou bastante esse cenário. Para a questão dos inúmeros atrasos do transporte público, que fazia com que você quase nunca soubesse o horário certo dos ônibus, veio o Moovit, que tem ajudado milhares de pessoas a aproveitarem melhor o seu tempo.

Devido ao aplicativo N11, ocorreu a diminuição drástica do tempo para localizar a ambulância disponível mais próxima de onde aconteceu um acidente. Imagine a quantidade de vidas salvas.

Além disso, temos iniciativas como o Kekanto, que apontam bons locais para você ir em seu momento de lazer, com comentários e avaliações que te darão mais certeza sobre as opções existentes, sendo justo até com as empresas que prestam um ótimo serviço aos clientes.

Enfim, eu poderia praticamente fazer um livro só de startups que impactam a sociedade. Esses são apenas alguns exemplos do que temos hoje, e o porquê do dia a dia da população se tornar muito melhor quando há várias startups pensando nela o tempo todo. O que mais deve mexer com a sua mente nessa questão, assim como deixa a minha inquieta, é que, se as startups não estão fazendo isso agora na sua cidade, possivelmente estão fazendo em outra. Cada vez mais pessoas estão querendo e buscando o empreendedorismo, pois notam oportunidades incríveis que fazem a diferença, mas onde elas vão fazer isso acontecer é uma das perguntas mais pertinentes que devemos nos fazer quando pensamos em ecossistemas de startups.

Governo

O Poder Público tem oferecido diversos benefícios. Afinal, as startups estão ajudando a resolver muitos problemas da população, o que muitas vezes alivia a situação para o governo. Apenas o Waze, com suas rotas, melhorou os deslocamentos nas cidades, e aplicativos como os de bancos diminuíram muito o fluxo de pessoas e carros nas ruas (muito pode ser feito de casa ou do escritório), organizando tudo um pouco mais e deixando o trânsito muito melhor. Possivelmente, diversos milhões investidos no setor não causariam um impacto tão grande.

Ou, quem sabe, aplicativos como o Planedia, que ajuda organizar sua rota em uma viagem, e o Airbnb, que auxilia com a estadia, atraiam turistas para a cidade, o que outra bolada de dinheiro também não conseguiria com tanto sucesso.

Cada detalhe que é melhorado na sociedade acaba ajudando o governo a gerir melhor os seus recursos. Isso sem falar que as startups evoluem muito as suas fontes de receitas. Elas são os novos contribuintes de impostos e taxas, mesmo que, no começo, via incentivos, não se tenha esse retorno imediato. Porém, a longo prazo e conforme vão crescendo, elas geram empregos, inspiram outras pessoas a também empreenderem e, quando realmente dão certo, trazem grandes retornos financeiros, investindo em novos negócios e, às vezes, até na própria estrutura do ambiente em que estão.

Economia

Os pontos anteriores servem tanto para o governo quanto para a economia. Um outro benefício é que as startups são as maiores investidoras de outras startups, impulsionando assim a criação de novos negócios.

Se diversas startups com grande relevância no turismo surgissem na sua cidade, como o Airbnb promovendo o aluguel dos quartos, o Planedia dando dicas do que fazer, o Vá para balada incentivando as opções noturnas, o Tinder fomentando novas amizades e por aí vai... Pense no impacto que apenas esses negócios conseguiriam fazer se estivessem na sua região. Quantas pessoas a mais não viriam por terem tantas facilidades? Agora reflita sobre quanto o setor privado, como lojas de roupas, cafeterias, restaurantes, bares e afins, lucraria com esse aumento de pessoas novas chegando no município. Você notou que não foi a simples atração de mais pessoas, mas a consequência em diferentes vertentes que boas startups geram. É algo impressionante.

Imagine o impacto econômico se diversos jovens, em vez de ficarem na academia ou irem para cargos públicos, empreendessem. A ideia é que tudo em que as startups se envolvem, como são negócios de impacto, acaba influenciando fortemente o ambiente.

Universidades

As startups têm mostrado que são as que mais aproveitam o conhecimento desenvolvido nas universidades. Os startupers gostam de pegar esse aprendizado e transformá-lo em business. As startups possuem maiores condições de testar isso, pois são inovadoras e dispostas a incorrer em erros e a agir com maior velocidade tanto na validação quanto na execução. Dessa forma, conseguem usar melhor esse material do que empresas comuns.

As startups aproximam mais o aluno da prática, fazendo o conhecimento ficar mais dinâmico e criando eventos e atividades para despertar o interesse dos alunos em serem também mais empreendedores e transformarem suas paixões e habilidades em negócios rentáveis. As universidades que realmente querem formar os melhores profissionais estão sempre em contato com as startups e ambos se ajudam, fazendo do meio acadêmico uma fonte de fomento ao empreendedorismo e de inovação tecnológica. Além de tudo isso, as startups também desenvolvem produtos e serviços destinados ao meio acadêmico.

São muitos os benefícios que a academia recebe. Algumas delas possuem parques tecnológicos e incubadoras, e os maiores impulsionadores são os programas de startups que atraem e fomentam startupers, que, depois de um período, vão para esses lugares. Sem falar que, em um ecossistema bem desenvolvido, a força e a relevância no mundo da universidade apoiadora cresce consideravelmente.

Agora, convenhamos, queime o livro se você não acredita que precisamos urgentemente mais disso nas universidades para alcançarmos o futuro que queremos e merecemos ter.

OS MELHORES ECOSSISTEMAS DO MUNDO

Se antes eu já gostava de toda essa inovação que as startups trazem ao mundo, com o tempo a minha curiosidade ficou maior e me fez chegar também aos ecossistemas.

Eu queria entender aquilo que vinha por trás desses empreendimentos e por quê algumas regiões se destacavam bem mais do que outras. Queria saber como era todo esse ambiente, quais eram os diferenciais, quem eram os envolvidos, enfim, passei a ir atrás de todas essas dúvidas e questionamentos não só em livros e pesquisas, mas também visitando esses lugares pessoalmente.

Para você entender mais sobre eles, resolvi falar um pouquinho de alguns dos que mais se destacam hoje, contando minhas experiências, conversas, pesquisas, etc.

Os ecossistemas que acredito estarem se destacando hoje são:

Vale do Silício

Apesar de ser um dos poucos e raros ambientes que se desenvolveram de forma natural e vieram mesmo a dar certo, ele é visto hoje como um dos tops em se tratando de ecossistemas. Quando se fala em startups e empreendedorismo no mundo, o primeiro da lista ou o mais lembrado pelas pessoas certamente é o Vale. De cultura imponente e arrojada, iniciada no século XIX, onde muitos "empreendedores" buscavam seus sonhos na corrida do ouro, enfrentar o desconhecido, mudar a direção da vida e correr altos riscos para obter altos rendimentos já faziam parte do ambiente do Vale do Silício.

Ele tem tanta notoriedade por ter toda essa grande relevância de ser formado por diversas situações não programadas, e também pela falta de conhecimento das pessoas em conhecerem outros ecossistemas existentes por aí, muitas vezes tão bons quanto.

Eu já contei a história para você, mas o grande valor desse lugar é que ele virou um centro de inovação e risco do mundo. As pessoas com ideias realmente diferentes, que podem causar impacto, vão encontrar apoio, conhecimento e dinheiro lá. Saber que haverá vários outros empreendedores na mesma situação que a sua e estar no ambiente mais famoso dá uma certa segurança para ousar nessa jornada empreendedora no Vale.

A quantidade de eventos e locais propícios para os startupers causa uma certa magia e proporciona a troca de experiências, que são raras de se encontrar em outros lugares do mundo. Sem falar de ter os exemplos ao vivo de grandes startups da atualidade bem ao seu lado, como Google e Facebook, que são uma fonte de inspiração a todos que têm como objetivo empreender.

Porém, de todas as 140 startups do mundo que alcançaram valor de mercado de um bilhão de dólares nos últimos dez anos, 61% surgiram fora do Vale do Silício, segundo estudo do Atomico – fundo criado por Niklas Zennström, cofundador do Skype. O que fica evidente é que existem outros ecossistemas de sucesso.

Israel

Esse país fez um trabalho fenomenal frente a adversidades imensas que tinha, para conseguir se destacar no mundo das startups. Lá, o diferencial está na cultura. O empreendedorismo é instigado desde muito cedo nos jovens, e não somente na faculdade, como visto em muitos outros locais. Fatores contribuintes para Israel são os kibutz, que são pequenos grupos independentes onde o empreendedorismo é desenvolvido de forma intensa, articulando novas técnicas agrícolas, meios de produção próprios, compartilhamento de recursos e foco em educação.

Indico um livro muito bom que fala justamente sobre todo esse ecossistema de Israel chamado **"Nação empreendedora"**. Quem tiver a oportunidade, vale muito a pena dar uma conferida.

Nesse ambiente em específico, as pessoas são realmente preparadas para empreender. O empreendedorismo passou a ser parte da rotina delas, como se fosse algo normal em seu dia a dia. As pessoas assumem responsabilidades desde muito cedo, seja no exército, na própria escola ou na universidade. Apresenta-se como um caminho normal a ser seguido. A grande aproximação com o setor privado também favorece isso.

Grande parte dessa forma de agir veio das inúmeras dificuldades que eles enfrentam por serem desprovidos de muitos recursos naturais ou terem em baixa quantidade. Então, toda essa adversidade, por exemplo, na agricultura, com o solo pouquíssimo cultivável, fez com que empreender fosse sua única "salvação". Porém, isso acabou sendo o motor para sua grande capacidade de desenvolvimento tecnológico e científico.

O foco passou a ser em investir nessas duas áreas, junto à educação, para que a consequência disso fosse impactar em os demais setores, o que acabou sendo um enorme sucesso. Apesar de você ouvir sobre guerras e bombas, Israel é O lugar para se abrir uma startup e investir em novos negócios.

Algo superinteressante é o incentivo ao risco, pois só assim é possível ter a verdadeira inovação. E o apoio aos empreendedores que falharam ao abrir um negócio é muito forte, até porque eles passam a ser os mais prováveis de acertarem em uma nova empreitada rumo às startups.

Outra questão interessante é sobre os professores poderem comercializar suas descobertas e pesquisas, aproximando o conhecimento da academia ao setor privado, aumentando a relevância do que é estudado, ajudando a inovação nas empresas e aproximando os alunos da realidade. Adquiri uma admiração por Israel até maior do que pelo próprio Vale do Silício.

Las Vegas

Esse é o meu favorito tanto por eu ter tido a oportunidade de estar lá pessoalmente quanto por ter conhecido e convivido com o grande Tony Hsieh (CEO da Zappos), o meu grande ídolo no mundo do empreendedorismo. Ele adquiriu uma parte de Las Vegas para assim criar uma comunidade de empreendedores, que se chama **Downtown Project.**

Para explicar o que acontece por lá, gostaria de partir de uma história. Fomos a uma palestra do David Copperfield e, na volta, eu estava muito maravilhado, pois havia tido conversas extraordinárias com cinco empreendedores em um almoço antes do evento. Cada pessoa com um negócio mais irado do que o outro, e aquele bate-papo tinha aberto a minha mente para várias possibilidades... Foi quando perguntei ao Tony enquanto voltávamos caminhando para o hotel: “Cara, como que você consegue fazer tudo isso? Como é possível?”

E ele respondeu: “O meu objetivo aqui, Bruno, é ter um ambiente especial e assim atrair pessoas incríveis. Então, eu disponibilizo este lugar onde tudo foi elaborado pensando no empreendedorismo e no estilo de vida dos startupers, acreditando nos princípios da cultura Zappos. Logo, pessoas incríveis acabam vindo e, dentro deste ecossistema especial para elas trabalharem e conviverem, coisas incríveis obviamente acontecerão.”

Coloque pessoas incríveis juntas em um lugar incrível, que coisas incríveis acontecerão – É simples assim.

Chegamos no saguão do hotel, falei com o Fred, sócio dele, sobre isso e fiquei algumas horas pensando: “Como pode ser tão simples e tão estupendo ao mesmo tempo? Por que tão poucos lugares fazem isso? O que está faltando?”

No Downtown Project, tudo é feito pensando nos empreendedores e é preparado para recebê-los. Os ambientes são propícios para a interação das pessoas, desde cafeterias temáticas, bares adaptados com lousas, casas de jogos dos mais diferentes modelos, com coworkings espalhados pela região, até as moradias. Dentro do projeto, existem alojamentos próprios para receber esses empreendedores. Então, todo o ecossistema foi preparado para que as pessoas realmente possam dar vida aos seus projetos, criando negócios inovadores, com maior probabilidade de darem certo.

Lá, eles criam vários eventos justamente para fomentar o empreendedorismo local, convidando grandes personalidades, disponibilizando mentores e havendo muitos investidores. Tudo isso só contribui ainda mais para que o ambiente venha a se destacar. É tão inacreditável tudo o que está acontecendo lá, que não vai demorar para a receita das startups superarem os cassinos.

Canadá

Esse ecossistema é muito interessante e pude ver pessoalmente o de Vancouver, sendo ele o destaque do país. O estado aposta tão forte nas startups que tem um departamento no governo voltado a isso. Quando souberam que estava na cidade, me convidaram para conhecê-los e me contaram o quanto gostam de trazer a cultura e as ideias de empreendedores de outros locais para a cidade, como o acordo com a China para fazerem conexões e ações para incentivar seus respectivos ecossistemas. Outro ponto foi o investimento em eventos na região com a temática de empreendedorismo em outros lugares do mundo, trazendo diversos startupers de outros países para impactarem as pessoas de lá.

A abertura que as startups têm com o governo é muito interessante, sem contar o fomento às mesmas nas universidades, que incentivam isso internamente. O número de eventos que a própria comunidade de startupers realiza é altíssimo, fazendo com que o acesso às novas tendências seja fácil e fomente novas ideias naquele ecossistema.

Singapura e Malásia

Esses dois se destacam na Ásia por fazerem um trabalho altamente agressivo na questão de atrair grandes talentos. Eles possuem programas muito atrativos desde a parte financeira até as demais conexões com o mundo empreendedor. Até o presidente Barack Obama já esteve por lá visitando o ecossistema das startups.

Esse ambiente atrai os melhores mentores e empreendedores do mundo todo. Eles investem fortemente para que todos estejam em sintonia e assim possam gerar (mais) bons negócios inovadores. Um ponto que chama a atenção aqui é que eles investiram e ajudaram no entorno dos seus polos, com subsídio para que bares e restaurantes pudessem se adaptar aos empreendedores que estavam chegando. Isso também foi feito em Las Vegas.

Já o governo de Singapura foi ainda mais adiante e anunciou uma ação muito interessante, a qual está gerando uma competitividade absurda nos países ao seu redor. Eles disponibilizaram um incentivo financeiro para as startups que lá estão internacionalizarem seus produtos, ganhando espaço em outros países.

Agora imagine, daqui a um tempo, com muito mais gente fazendo o mesmo? A competição no mundo será gigantesca!

Pense na cena: você cria uma startup em um ecossistema desse e, dali a pouco, o governo o manda para outro país, com a chance de abocanhar territórios alheios. Toda essa expansão no futuro será muito interessante para a economia mundial e garanto que esse jogo será alucinante.

Chile

De todos os ecossistemas, o melhor da América Latina, ao menos na minha visão, é o Chile, onde tudo começou após um terremoto que quase acabou com os principais recursos naturais do país, responsáveis por grande parte do PIB. Foi isso que acendeu o sinal de alerta e o pensamento de "não podemos depender apenas disso", pois, se as mineradoras do norte tivessem sido destruídas, o país teria entrado em colapso.

Logo, o governo entendeu a necessidade de novos negócios, que as pessoas encontrassem formas diferentes de ganhar dinheiro e fazer com que não fossem tão dependentes dos recursos naturais. No entanto, a população não tinha o perfil empreendedor, e foi necessário trazer pessoas para ensinar e incentivar o povo, principalmente os jovens.

Assim, foi criado o programa Startup Chile, uma competição de startups no mundo todo para atrair as melhores através de um subsídio financeiro de 40 mil dólares, sem necessidade de participação acionária, em troca de ações de fomento ao empreendedorismo no país.

O que o povo chileno esperava desses startupers? Que eles fossem disseminar e fomentar esse "pensamento" empreendedor. Então, os startupers iam até as faculdades, escolas e empresas, contavam suas experiências, ideias, conceitos e técnicas, e assim inspiravam muitas pessoas, principalmente os jovens, a quererem empreender também. Isso deu muito certo!

O ambiente foi expandindo cada vez mais, até virar o superecossistema que conhecemos hoje. Tudo foi feito pensando no startuper. O ambiente se readaptou e mudanças foram feitas para que essa galera do mundo todo pudesse estar lá e se sentir bem, querendo ficar mais. Além, é claro, de também trazer mais gente com eles.

Se antes havia um universitário para cada 40 alunos saindo com a intenção de empreender, hoje podemos notar que existem muitos mais. As pessoas saem das universidades já com uma vontade gigante de fazer acontecer, criar o seu próprio negócio e assim mudar o mundo, mesmo correndo riscos.

A própria população vem notando essas mudanças e percebendo que o empreendedorismo está em alta e já começa a crescer fortemente por lá. Os mais jovens e os empresários, principalmente, já estão bem mais adeptos a investir no novo, a correr riscos e a errar para poder aprender. Desse modo, saem disseminando toda essa nova cultura aos demais.

A título de curiosidade, esse ecossistema foi inspirado no de Las Vegas.

Belo Horizonte, Brasil

Esse foi um dos últimos ecossistemas que visitei no meu tour pela América e confesso que fiquei muito surpreso e feliz ao saber que eles estavam tão bem estruturados quanto outros que visitei.

Lá em BH, tudo começou com uma comunidade de pessoas que gostavam de empreender e queriam fomentar isso de uma forma consistente, e não de qualquer jeito. Quando o governo notou que essa era uma excelente alternativa, convidou alguns startupers para pensarem em conjunto sobre como fazer.

E eles foram se espelhar em um dos melhores, o ecossistema do Chile. Fizeram algumas adaptações e hoje ele é visto como o melhor ecossistema aqui do Brasil e a grande referência para muitas cidades.

O San Pedro Valley, como é chamado o ecossistema, conseguiu criar um ambiente muito interessante, que atrai gente do mundo todo. Percebe-se que muitos negócios inovadores surgiram por lá, e eles estão fazendo a cidade ficar cada vez melhor. A partir dali surgiram mais de 63 negócios, desde startups propriamente ditas até incubadoras, aceleradoras, espaços de coworking e grupos que promovem eventos para desenvolvedores. A região foi citada até mesmo pelo prestigiado "The Economist".

O número de investidores e empresas que começam a fincar raízes no ambiente impressiona, tudo devido à criação do polo SEED (Startups and Entrepreneurship Ecosystem Development), que tem o funcionamento muito parecido com o chileno, com o objetivo de atrair empreendedores do mundo inteiro para fomentarem o empreendedorismo na região.

Muitos desses startupers vão também a escolas, universidades e empresas privadas para cumprirem essa missão. Lembro de dois fatos que eu vi por lá:

- Uma escola já estava ensinando o conceito do Canvas aos alunos. Imagina que legal, mesmo no colégio, já pensar em fazer o seu modelo de negócio e sair com algo para empreender, mesmo sendo muito jovem. E ainda há a vantagem de entrar na faculdade com essa visão de como montar um business;
- Um outro caso foi de uma pessoa que era segurança do coworking e, ao ter contato com os startupers, questionou-se: "Por que eu não posso empreender também?". Em seguida, criou sua própria empresa de segurança. Passou de empregado a empreendedor.

Essas são apenas duas histórias entre centenas que empolgam todos que lá estão, além de tantas outras que certamente ainda virão. Belo Horizonte tem sido um grande espelho e, se eu pudesse dar uma dica hoje para quem quer abrir uma startup no Brasil, seria: vá para BH, fique próximo dos melhores e aprenda tudo o que está sendo desenvolvido por lá junto a galera do San Pedro Valley. Suas chances de vir a dar certo serão muito maiores. Infelizmente, quando estava revisando o livro aqui, o SEED foi fechado pelo governo, uma lástima fruto de uma decisão ridícula.

Eu torço muito para que outros bons ecossistemas possam surgir. Quem sabe teremos um em cada estado aqui do Brasil. Já imaginou o quanto isso seria incrível? Sinceramente, eu até pensei que isso aconteceria, uma competição maluca para ver quem seria o melhor polo, porém a coisa ainda está bem calma, infelizmente.

OUTROS ECOSSISTEMAS NO BRASIL

Hoje temos algumas comunidades de startups interessantes aqui no Brasil, entre elas Recife, Santa Catarina, São Paulo e Rio de Janeiro, além de mais algumas outras cidades que, aos poucos, começam a despertar o mesmo interesse. Às vezes destacam-se por causa dos empreendedores, outras pelo governo, outras pelas universidades e algumas pelo setor privado, mas uma combinação que caracteriza o ecossistema completo, acredito que apenas o San Pedro Valley e o SEED em BH tinham.

O país tem se destacado cada vez mais no quesito tecnologia e inovação. O mercado é amplo e traz diversas oportunidades de negócio. Se quer construir uma startup, procure se "associar" a uma dessas comunidades. Elas têm chamado a atenção de investidores no mundo todo.

Não vou citar todas as comunidades, pois fico sabendo de uma nova todos os dias. Além disso, praticamente poderia fazer um Guia Quatro Roda delas (fica a ideia). Portanto, vou deixar na fanpage do livro aquelas que eu for descobrindo.

Um cuidado que gostaria de chamar a atenção na formação dos grupos de startups de pessoas interessadas no tema é justamente o envolvimento de diferentes partes para que tenha resultado efetivo na formação de um ecossistema. A questão é, para realmente chegar até um ecossistema, todos os agentes precisam estar envolvidos: setor privado, governo, universidades e entidades.

Infelizmente, o que mais acontece nessas comunidades é que começam a se reunir, têm uma empolgação inicial, discutem o tema, fazem networking e pensam em várias possibilidades, mas, no momento em que todos se conhecem e os objetivos não são traçados ou perseguidos, tudo começa a ir por água abaixo. As pessoas envolvidas pensam: "Já sei quem estará lá e já sei o que posso conseguir. Se precisar de algo, eu apenas ligo e vou direto no fulano. Não tem sentido eu deixar de ter o meu lazer com os meus amigos e familiares para estar lá." E esse é o triste fim de grande parte dos grupos que conheço, que depois ficam apenas com um nome, mas sem atuação e presença efetiva.

Portanto, para essas comunidades darem certo:

- **Tenha objetivos concretos do porquê dela existir** – As pessoas devem ver que realmente estão participando de algo para alcançar determinado propósito. Ninguém gosta de fazer parte de algo sem sentido;
- **Foque em qualidade, e não em quantidade** – É horrível ter muitas pessoas que estão lá apenas para discutir sobre futebol e fazer piadas, em vez de debater os temas pertinentes. Assim, os verdadeiros interessados começam a sair do grupo;
- **Tenha dinamismo** – Sempre levante novos lugares, discussões e atividades, para que as pessoas não tenham aquele sentimento de "eu já sei o que vai acontecer, então não vou";
- **Busque e valorize a opinião** – É natural ter alguns líderes, mas todas as pessoas que fazem parte devem sentir que suas ideias são ouvidas e merecem respeito;
- **Incentive diferentes perfis** – Ter pessoas com pensamentos, posições, cargos e áreas diferentes agrega muito aos trabalhos a serem realizados e às próprias discussões.

Porém, ainda assim, a comunidade só vai conseguir criar um ecossistema se tiver todos os agentes envolvidos. A cultura empreendedora depende disso.

Eu pedi para a fera Juliana Lima, expert em startups comentar sobre o que deveria ser feito para fomentar as startups no Brasil e a consequência que isso traria:

"Para o Brasil fomentar mais seu ambiente empreendedor, precisamos facilitar a inovação, principalmente o governo, com a diminuição da burocracia, o incentivo fiscal e a educação empreendedora. A consequência disso é uma mudança no patamar econômico do país e até mesmo a nossa visão lá fora. Nós já temos esse perfil de ousar e abrir negócios, apontado por várias pesquisas. A questão é fazer com que isso seja ainda mais intenso e as condições para acontecer sejam mais adequadas. Por fim, acredito que a aproximação das startups ajuda as empresas mais antigas, que às vezes ficam presas em seus processos e não inovam."

POR QUE A MAIORIA DOS ECOSSISTEMAS FALHA?

> *"Você não muda ecossistemas sem mudar a cultura."*
> – Victor W. Hwang

Simplesmente por dois fatos: vaidade absurda e falta de experts no assunto.

Isso eu posso dizer com propriedade, pois já participei de reuniões em diversos estados, cidades e entidades sobre a formação de ecossistemas, e esses dois itens são gritantes. Por sinal, é isso que mais pesa para que muitas outras cidades aqui no Brasil não tenham alcançado o mesmo patamar dos lugares de sucesso citados anteriormente.

Vou lhe explicar o porquê desses itens...

Vaidade

Percebo que, enquanto as pessoas tanto dentro do governo quanto nas universidades, ou até mesmo, representantes de parte da sociedade empreendedora não pararem de se achar os donos da ideia, nada acontecerá. Tudo vai sempre ficar na mesma. Projetos começarão e não terminarão.

Tem sempre alguém que se enche de orgulho e diz: "Eu serei o grande responsável. Eu vou construir o melhor ecossistema. Eu sou o que melhor possui habilidades para tal e blá, blá blá." Será mesmo?

Muitos inflam essa vaidade e não entendem, ou não enxergam, que, para realmente vir a acontecer esse tipo de ecossistema, é preciso ter várias pessoas e não existe um grande nome. O que existe, na verdade, é um grande time que fará tudo sair de sonhos e conversas para a prática.

Enquanto as pessoas estiverem medindo forças para ver quem fica com a ideia, os ecossistemas acabam não vindo para a realidade. Essa imensa vaidade ainda é venenosa, pois muitas pessoas apresentam números e dados que comprovam como são os empreendedores da sua região. Isso é desagradável. Afinal, todos sabemos que dados e informações podem ser interpretados de diferentes maneiras para mostrar o que queremos ver, mas não são o que sentimos e vemos. Portanto, quando pararem com essa palhaçada e partirem da situação como ela realmente é, com muita humildade, a coisa vai mudar.

Enquanto vaidades forem maiores que objetivos, nada acontece!

Falta de experts no assunto

Para piorar a situação, junto à vaidade absurda vem a falta de conhecimentos. As pessoas acabam por ler apenas um livro e já acham que sabem tudo e podem sair por aí mudando o mundo com seus "conhecimentos raros". Vá por mim, não é bem assim.

Para criar um ecossistema que venha a dar certo, você precisa saber e entender realmente do assunto. Estamos falando de pessoas, cultura e startups — nada disso é simples. Inicialmente, os responsáveis devem saber mais a fundo sobre startups e precisam ter experiências práticas, com um tempo mínimo de quatro a cinco anos nessa luta, vivendo e respirando todos os dias esse universo. Não são muitos os que possuem tal experiência.

As pessoas realmente precisam entender como funciona uma startup em si, a questão das interações entre os empreendedores, como fazer e dar mentorias, como desenvolvê-las, a montagem das estruturas de trabalho, a definição do melhor tipo de programa, e a lista continua...

Porém, os experts no assunto não são os únicos. Também é necessário haver profissionais hábeis em trâmites governamentais e em outros assuntos. É preciso ter gente que saiba do mercado, então aqui entram os empresários locais. Dali a pouco será preciso desenvolver conhecimentos aprofundados, então entra a faculdade. E assim por diante.

O problema é que, quando se trata dos experts das startups, os "gênios" gostam de pegar qualquer um ali que saiba citar mais ou menos o que elas são ou que já tenha ido ao Vale do Silício.

Como você pode notar, vários agentes são relevantes, como o governo, a sociedade, as universidades, os empreendedores e as empresas locais. Então, um ecossistema é a soma de todos esses fatores, não uma ação isolada de apenas uma única pessoa ou algumas delas.

Infelizmente, é mais fácil encontrar pessoas que acham que entendem de startups e ficam fazendo burradas astronômicas do que aquelas realmente entendidas do assunto.

Voltando à pergunta: **então, por que a gente ainda falha?** Justamente pelo fato desses dois itens (vaidade e falta de experts) continuarem se destacando perante o todo.

Seria tão bom se pudéssemos transformar o Brasil em uma referência mundial de startups e empreendedorismo. Já pensou? Imagina só termos mais de 20 ecossistemas, assim como os Estados Unidos possuem por lá? O melhor é que nós temos potencial para isso, aprendemos a lidar com as dificuldades, somos criativos, sabemos cativar as pessoas, somos guerreiros e temos tantas outras virtudes... Mas, ainda assim, por causa de coisas estúpidas como essas que citei, isso ainda não é suficiente.

Já pensou se esses grandes talentos estivessem na sua cidade?

Deixe-me provocar ainda mais a sua mente sobre o poder de um grande ecossistema de startups. Imagine por um instante todos estes empreendedores na sua cidade:

Drew — Dropbox
Sergey — Google
Mark — Facebook
Uri — Waze
Romero — Buscapé
Bel — Lemon
Biz — Twitter
Phil — Evernote
Leid — Linkedin
Ben — MailChimp
Kevin — Instagram
Jack — Alibaba
Jam — WhatsApp
Marco — Boo- box
Gustavo — Samba Tech
Tonny — Zappos
Flavio — Wise up
Chad — Youtube

Quanta inovação surgiria? Quanto impacto haveria no dia a dia de todos com as diversas startups que eles criariam e investiriam? Quanto fomentariam outras pessoas a empreender? Quantos novos empregos surgiriam? E como ficaria a economia com o fluxo de dinheiro que eles movimentariam? Eu poderia escrever umas 15 páginas só sobre os benefícios que o nosso ecossistema poderia ter, mas onde quero chegar aqui é simples.

> Quantos talentos a sua cidade, região e estado estão perdendo por não terem um bom ecossistema para manter os empreendedores que poderiam fazer tudo isso?

Detalhe final: segundo alguns cálculos que fiz, juntas, essas 18 pessoas valeriam mais de um trilhão de reais (R$1.000.000.000.000,00).

O QUE VOCÊ NEM IMAGINA QUE ESTÁ ACONTECENDO [5]

Nos últimos tempos, algumas notícias sobre startups vieram à tona. Descubra a seguir por quê o mundo está interessado nessa revolução empreendedora.

- Nova Orleans e Detroit estão se recuperando com foco nas startups – O furacão Katrina devastou a primeira, mas muito da sua recuperação tem sido graças a esses novos negócios inovadores. A segunda sofreu com uma grande depressão econômica e também resolveu apostar nos empreendedores. (Fonte: American Express)[2]
- O Papa anunciou a implementação de uma aceleradora no Vaticano – Sério, até a Igreja Católica achou interessante apostar nas startups. O foco deles é fomentar negócios que visam a educação, para assim ajudar o mundo. (Fonte: Blog do Estadão)[3]
- Paris quer ser a capital das startups – Paris, a capital do amor, do turismo e das luzes, agora quer ganhar as startups. Para isso, vem investindo fortemente nesse novo mercado. (Fonte: USA Today)[4]
- França disponibiliza passaporte para startupers – Seguindo a onda de sua capital, Paris, a França está disponibilizando passaportes especiais para os startupers, que vêm trazendo ideias e revolucionando o modo de fazer negócios. Isso é fomentar o ecossistema. (Fonte: TechCrunch)[5]

---

2 https://www.americanexpress.com/us/small-business/openforum/articles/talk-of-the-town-how-small-businesses-are-helping-cities-go-from-bust-to-boom/

3 http://blogs.estadao.com.br/start/papa-anuncia-aceleradora-de-startups-no-vaticano/

4 http://www.usatoday.com/story/tech/2014/03/10/ozy-paris-tech-startups/6257647/

5 http://techcrunch.com/2014/04/28/france-could-create-a-developer-visa-to-support-french-startups/

- Banco japonês tem US$73 bilhões para incentivar as startups no Japão – Isso é apenas um banco. Agora, pense em tudo o que está rolando pelo mundo. (Fonte: Bloomberg)[6]
- Startup (Slack) com apenas um ano de vida é avaliada em um bilhão – Esses empreendedores dominaram o projeto e o plano de evolução de sua startup, conseguindo atingir uma velocidade de empreendimento fenomenal, quebrando barreiras e paradigmas, e impressionando o mundo inteiro. Entendeu a velocidade das startups bem elaboradas? (Fonte: Revista PEGN)[7]
- EUA querem oficializar o dia das startups – Elas são tão importantes que deputados estão exigindo o seu dia oficial. (Fonte: Upstart)[8]
- O governo de Singapura incentiva startups a entrarem na Indonésia – Já não basta ajudá-las a crescer no seu mercado, agora existe um aporte para entrar nos países próximos. Imagine o nível de competição que surgirá quando mais países derem suporte para suas startups se internacionalizarem. (Fonte: Global Indonesian Voices)[9]
- Malásia lança bootcamp para crianças sobre startups – A mente empreendedora não está somente nos mais experientes, mas talvez nos mais criativos. A Malásia está investindo nas crianças para assim criar uma cultura empreendedora desde cedo em seus cidadãos. (Fonte: Startup School Asia)[10]
- Disney entra com tudo no jogo – Lançou um dos melhores programas de startups do mundo. (Fonte: G1)[11]
- NY vs Vale do Silício – Até a cidade mais famosa do mundo quer ser a referência das startups, nem que seja desafiando o ambiente mais reconhecido pelo assunto. (Fonte: USNews)[12]
- O governo de Connecticut deixou suas informações "abertas" para as startups – O governo do estado de Connecticut, com a intenção de incentivar as startups a criarem serviços e produtos para a região, criou uma ferramenta para os empreendedores terem maior acesso às informações do estado. (Fonte: New Haven Register Business)[13]

---

6 http://www.bloomberg.com/news/articles/2014-03-18/softbank-73-billion-payoff-fuels-japan-startups-push

7 http://revistapegn.globo.com/Startups/noticia/2014/11/startup-com-apenas-um-ano-de-vida-e-avaliada-em-mais-de-us-1-bilhao.html

8 http://upstart.bizjournals.com/entrepreneurs/hot-shots/2014/07/09/congress-members-say-startups-deserve-their-own.html

9 http://www.globalindonesianvoices.com/11294/singapore-startups-entering-indonesia/

10 http://www.startupschoolasia.com/startupteens/

11 http://g1.globo.com/tecnologia/blog/startup/post/disney-dara-us-120-mil-dez-startups-selecionadas-em-programa-de-aceleracao.html

12 http://www.usnews.com/news/articles/2014/12/26/new-yorks-startup-state-of-mind

13 http://www.nhregister.com/business/20140210/connecticut-launches-online-business-startup-tool

AS STARTUPS E A MÍDIA

Essa é uma relação muito próxima até o momento. O tema caiu nas graças da mídia, que tem comentado em diversas situações sobre os novos negócios e seus impactos, disseminando e acompanhando eventos. Portanto, tem sido bastante interessante para ambos essa interação. Afinal, a mídia precisa de notícias bacanas para atrair a atenção do público, e ideias que desafiam o status quo e resolvem nossos problemas de um jeito diferente são instigantes. As startups, por sua vez, precisam aparecer, testar seus MVPs e escalar rápido. Portanto, ser visto é importante.

Algo que tenho notado é que existe a abertura do tema dentro de sites, vários canais da mídia já têm áreas específicas para as startups, jornais têm convidado experts para escreverem em algumas colunas, cada vez surgem mais blogs sobre o assunto e a TV tem aumentado as entrevistas com profissionais do meio, ou seja, o espaço tem crescido gradativamente.

Toda vez que acontece essa interação da mídia com os experts é show. No entanto, já vi diversas vezes repórteres irem falar sobre um evento e acabarem dizendo muita asneira. Sério, chamem experts para apresentar ou serem entrevistados — é melhor do que pagar mico na TV ou no jornal.

Do lado das startups, há muita atenção ao se relacionar com a mídia e sobre o que esperar dela. É supercomum o empreendedor começar o negócio e, já no segundo dia, ligar para o jornal querendo aparecer. Sim, a ideia é ser veloz, mas você precisa entender o que apresentará e por quê aparecerá na mídia.

Se você está construindo seu MVP, é uma forma de aparição e, às vezes, ainda não é o momento para a grande mídia. Outras vezes, você ainda não está com uma mensagem muito clara e pode apenas confundir ou passar uma imagem negativa. Portanto, antes de sair se mostrando, veja bem como e por quê quer aparecer.

Outro ponto supercomum é os startupers conseguirem uma inserção boa em um grande canal e acharem que isso vai fazê-los deslanchar e pronto, é só subir na prancha e surfar a onda. Gente, são muitas e muitas notícias por dia. A não ser que você tenha feito algo extraordinário, ou tenha algo tão doido e absurdo que gerará um frenesi total, a mensagem causará apenas um certo impacto, o que é positivo e necessário, mas geralmente é muito menor do que a expectativa dos empreendedores.

O contato com a mídia deve ser contínuo. Não dependa apenas de uma notícia, uma vez só, pois isso passa em poucas horas. Desenvolva um relacionamento com a mídia, alimentando-a com informações pertinentes e interessantes e dando atenção a ela quando necessário. Obviamente, é melhor usar assessoria de imprensa para isso. Afinal, elas já têm o contato e sabem como fazer esse processo. No entanto, a maioria não pode se dar a esse luxo no início. Isso não é o fim do mundo, pois tem como fazer você mesmo, pelo menos no início, enquanto não tem grana para bancar os profissionais.

Para ajudar nesses primeiros passos, pedi para o meu amigo e assessor de imprensa expert em startups Lucas Nobre (Nobre Press) apontar quais são os cinco maiores erros das startups iniciantes ao se comunicarem com a mídia:

1. Não dizer no começo do contato o que a sua ideia resolve;
2. Não ter uma história legal e com exemplos para contar sobre como a ideia foi criada;
3. Não ter uma biografia dos fundadores;
4. Não estar preparado para uma conversa por e-mail ou pessoalmente com jornalistas ou blogueiros, tanto por cinco minutos quanto uma hora;
5. Estar sem press kit disponível na internet e material extra na manga

Para uma startup, a questão jamais será apenas aparecer, mas sim quando, como e por que aparecer.

AS CIDADES INTELIGENTES

Uma cidade inteligente é aquela que consegue utilizar os dados daquilo que está acontecendo para melhorar a vida de todos os cidadãos que ali vivem. Essas informações são aproveitadas por empreendedores que as utilizam sabiamente para desenvolver negócios através das startups.

O propósito desses startupers é ajudar as pessoas em seus problemas do dia a dia, melhorando assim a qualidade de vida da população afetada por seus negócios. Os benefícios são amplos, podendo abranger o governo, a economia, a educação, as universidades, as entidades e o meio ambiente.

Por que as cidades inteligentes estão ganhando o mundo?

Além de otimizarem o tempo, as cidades inteligentes conseguem usufruir de maior praticidade e aproveitamento de informações. Elas são mais seguras e possuem menor burocracia, facilitando assim a interação entre os moradores e as autoridades. Isso se reflete na alta qualidade de vida, aumentando a felicidade e diminuindo o stress do dia a dia. Parece sensacional, não é?

Como fazer as cidades se tornarem inteligentes?

Incluindo a presença de "agentes de mudanças", que são os empreendedores. Cidades inteligentes precisam de pessoas engajadas e que queiram correr atrás de melhorias para o bem comum. Os empreendedores têm por hábito justamente isso, prestar atenção em tudo o que está acontecendo à sua volta, focando no que poderiam melhorar no ambiente em que estão.

> As informações existem nas cidades. A questão é ter startupers ágeis e perceptivos para encontrá-las e usá-las, a fim de criar negócios que melhorem nossas vidas.

As startups que realmente dão certo são aquelas que possuem um propósito maior, e esses propósitos normalmente visam os grandes problemas da sociedade, o que tem muito a ver com as situações no dia a dia de um município. Para os empreendedores, é muito comum ver um problema e logo querer resolvê-lo.

A previsão de estudiosos no assunto é que os governos vão se voltar cada vez mais para esse novo conceito de cidade inteligente. Porém, elas só conseguem se manter ativas e em constante evolução com a presença de bons empreendedores.

E, caso não existam pessoas aptas com essa nova percepção de mundo e esse perfil inovador de startupers que vão lá e ousam, elas terão que captar isso de outros lugares e adaptar ao seu ambiente. Isso é muito mais complicado, difícil e caro.

A melhor saída é ter os empreendedores *on board* na cidade, pois eles já conhecerão a fundo os problemas, terão vivenciado aquilo no dia a dia e assim saberão criar uma solução precisa com os recursos da própria cidade para enfrentar as adversidades.

Entenda um pouco mais desse espírito na resposta de Takao Miyata, um dos fundadores da Oráculo Meteorologia, que é uma startup composta por sete jovens, à pergunta: como a sua startup se encaixa no conceito de cidades inteligentes?

"Temos como conceito geral melhorar a qualidade de vida das pessoas e empresas, ajudando-as a conviver melhor com os fatores sobre os quais não temos controle: as condições meteorológicas. Queremos mostrar que, com um maior entendimento dessa ciência, podemos diminuir o stress, otimizar os planejamentos pessoais e profissionais, ganhar mais tempo para se alimentar e se exercitar, além de viver melhor em sociedade, com o uso inteligente dos recursos naturais. Acreditamos que tudo isso resultará em uma sociedade melhor, que entende seu papel e, consequentemente, se torna cada vez mais sustentável." Nem preciso comentar mais nada, não é?

Cidades e países inteligentes pelo mundo:

1. A Alemanha, a França e algumas cidades da Espanha adotaram esse novo conceito. Grande parte da Europa já está seguindo a ideia;
2. Israel possui muitas cidades inteligentes, com destaque para Tel Aviv;
3. Alguns países da Ásia, como Singapura, Malásia e Tailândia, já estão desenvolvendo um bom trabalho junto a seus polos. Destacam-se também algumas cidades do Japão;
4. Estados Unidos é o campeão, contando com o Vale do Silício, Las Vegas, Boston, Washington, Nova Orleans, Nova York e Los Angeles. O Canadá tem Vancouver e Toronto;
5. Temos também o Chile, com destaque para Santiago, além da Colômbia e do Peru (destaque para Medelín);
6. As cidades inteligentes também já chegaram ao Brasil. Podemos destacar cidades como Belo Horizonte, São Paulo, Porto Alegre, Recife, Florianópolis, Campinas e São Carlos.

É importante frisar que a maioria das cidades inteligentes, pelo menos as mais importantes, vieram de polos empreendedores, ou seja, onde startupers se empenham o tempo todo para fazer a diferença na vida da sociedade por meio de seus negócios inovadores.

Outro ponto de grande relevância é o alto investimento em tecnologia, ciência e educação, além das instituições acadêmicas estarem muito próximas da iniciativa privada.

Ecossistema de startups → Empreendedores → Soluções para problemas sociais → Cidades inteligentes → Sociedade feliz

A seguir alguns exemplos de startups e as cidades inteligentes:

1. Reaproveitamento de sobras e restos de construção que virariam lixo, para que sejam utilizados em comunidades carentes

   Tem um jovem que está criando um app (em fase de teste) para informar sobre todas as obras existentes na cidade e suas "sobras". Durante a construção civil, gera-se muito entulho, material desperdiçado que é jogado fora através das caçambas.

O objetivo do startuper é "linkar" as obras – com seus respectivos entulhos – a projetos sociais que necessitam de tais materiais. Sempre que alguma construção civil possuísse sobras e entulhos para descarte, os projetos sociais eram avisados automaticamente e podiam efetuar a coleta dos materiais. Órgãos públicos também podiam colaborar com esse ecossistema e ofertar o frete gratuito por intermédio de veículos municipais. Além de ajudar as pessoas que precisam dos materiais, o projeto acaba reduzindo o entulho que seria descartado. O que é lixo para alguns, é ouro para outros.

2. Apontamento de problemas com o Cidadeira

   Nele, as pessoas informam sobre os mais diversos entraves da cidade, desde um buraco grande no meio da rua até encanamento quebrado, árvore impedindo a passagem ou colocando as pessoas em perigo, postes derrubados, enfim, toda uma série de problemas ligados à prefeitura. No app, você pode marcar onde está esse problema, e muitas outras pessoas também terão acesso e poderão fazer o mesmo. Quando tiver um número significativo de pedidos e muito incômodo das pessoas, a prefeitura saberá onde estão os grandes problemas e poderá destinar seus recursos para resolver os entraves que mais atrapalham.

3. Startups que auxiliam os turistas

   Outro exemplo que está sendo desenvolvido é o app que localiza os restaurantes e bares que ainda têm vagas disponíveis. O turista chega na cidade e quer fazer algo diferente, ou simplesmente sair para jantar. Quer coisa mais chata do que chegar a um local e já estar cheio? Então, uma startup está resolvendo esse grande problema. Isso é bom tanto para os empreendedores locais, que fazem girar toda a economia dali, dando oportunidade para muitos bons restaurantes e bares também ficarem conhecidos, quanto para o próprio turista, por descobrir mais ambientes interessantes para conhecer.

4. App para eventos esportivos

   Imagine um app em que as pessoas registram os eventos de corrida na rua ou de skate e assim, conforme os participantes forem se cadastrando, a polícia e os bombeiros podem ter noção da quantidade de registrados, do caminho que vão fazer para alocar os profissionais certos e do número adequado para que ocorra tudo em paz e com segurança.

O mais importante do processo de criação da solução de uma startup é que, se os recursos forem limitados, nota-se soluções com mais criatividade. Agora imagine todas essas 4 ideias funcionando bem na sua cidade, não seria ótimo?

Algo muito legal que eu tenho acompanhado com relação à expansão das startups em cidades inteligentes são as **competições** realizadas. Os municípios colocam seus maiores problemas e algumas informações para empreendedores interessados gerarem soluções. As premiações são tanto em dinheiro quanto em benefícios na criação de um negócio. O Rio de Janeiro fez uma ação muito legal sobre isso dentro do departamento de trânsito, trazendo empreendedores para trabalharem em melhorias, e os resultados foram muito proveitosos.

Uma cidade inteligente cria condições para os empreendedores melhorarem a vida da população através das startups.

Praticamente tudo o que está acontecendo nos municípios pode ser usado como melhoria. Porém, para isso acontecer, o governo e os órgãos responsáveis têm de ser mais receptivos a abrir o acesso a esses dados, para que as startups possam estudá-los e assim descobrir soluções inovadoras para os problemas existentes.

Para refletir
Se você pudesse ter duas pessoas para começar um negócio com você hoje, quem seriam?

Não existe cidade inteligente sem retenção e atração de empreendedores também inteligentes.

O MEIO AMBIENTE COM AS STARTUPS

Pelo fato das startups nascerem com um propósito muito grande, a questão do meio ambiente não poderia ser de menor importância. O foco da maioria dos startupers é desenvolver negócios inovadores com uma "pegada" de consciência verde, preservando os recursos naturais e não causando impacto ao planeta (ou compensando o que fazem).

Quando surge algo novo, o pensamento logo é sobre a sustentabilidade e o melhor uso dos recursos no negócio. Existem diversas startups que focam o desenvolvimento do seu modelo naquilo que é descartado, não está sendo usado ou está causando problema ao meio ambiente e às pessoas. E, sinceramente, espero que cada vez surjam mais.

Também há uma quantidade imensa, principalmente na Europa, de investidores interessados no estilo de negócio *sharing economy* (o uso de recursos não utilizados). Uri Levine, fundador do Waze, que hoje investe forte nesse meio, relatou que chama essa frente de *money thrown to the garbage* (dinheiro jogado no lixo), o que quer dizer que são desperdícios de tempo, recursos e energia, e poderiam ser aproveitados para os negócios.

Hoje, é mais que obrigação pensarmos nisso. O meio ambiente não pode sofrer com as nossas evoluções. Então, muitas startups optam por esse lado, ou seja, fazem algo "novo", só que reaproveitando o que já está disponível. Por que não?

Uma das startups que eu gosto muito é a B2Blue, que trabalha exatamente com esse "lixo" gerado pelas empresas. O que antes era descartado indevidamente ou jogado fora sem um uso maior, hoje passou a ser material de troca para o reaproveitamento.

Uma peça, ou um item que não serve para uma empresa pode ser de grande utilidade para outras. O que essa startup fez foi apenas juntar essas duas partes interessadas: aquela que descartou ganha um dinheiro com isso e acaba não jogando ainda mais lixo nos nossos aterros já lotados, e a outra economiza comprando de alguém que estava jogando fora. O planeta agradece!

Essa foi uma grande sacada dessa startup, pois criou-se algo novo, que ajudou muita gente e ainda resolveu um pouco do grande problema do lixo. Então, por quê não ajudar a nossa querida Terra, as pessoas e as empresas, e ainda ganhar dinheiro com isso? Existe um número incrível de startupers pensando assim e inovando.

A educação dos jovens sobre o meio ambiente está melhorando muito, e temos cada vez mais uma geração preocupada com o planeta. No entanto, as startups já estão conseguindo ajudar neste presente momento, o que tem sido um ótimo remédio para vários sintomas do nosso mundão.

Algo interessante nesse movimento é que as empresas, ao começarem a se envolver com esse estilo de startups, acabam implementando gradativamente o pensamento de sustentabilidade ambiental no seu meio. **Mais um viva para elas!**

Já imaginou uma startup conseguir mapear os principais estudos do mundo sobre limpeza da água, e conseguir conectar pesquisadores e investidores que melhor se combinam para acelerar esse processo? Já pensou se conseguirmos limpar nossos rios muito mais rapidamente? **#SalvemosRios**

Entende por quê devemos apostar mais nelas para o futuro que precisaremos encarar?

CHUVA DE IDEIAS

http://www.kekanto.com/

Na hora de fazer aquele programinha, você está em dúvida sobre o que fazer? Aqui você recebe convites de pessoas que estão querendo fazer algo, bem como consegue ver comentários e avaliações dos mais diversos lugares para não errar na escolha.

https://www.axado.com.br/

É a empresa que vai resolver seus problemas com fretes. Eles procuram manter suas tabelas atualizadas sobre os valores dos mesmos e vários controles de gestão sobre isso.

https://blumpa.com/

Quem nunca teve problemas para encontrar profissionais de limpeza, como diaristas e faxineiras? Nesse site, você consegue encontrar ótimas profissionais, indicadas e avaliadas pela própria equipe do Blumpa.

https://www.bolsadeprodutos.com.br/

É uma plataforma para você enviar quanto quer pagar por determinado produto, além de poder negociar com as empresas lá mesmo.

http://www.bovcontrol.com/

É um app para você controlar toda a gestão da sua atividade pecuária, como animais, recursos, exportação e vacina. Também disponibiliza vários relatórios.

https://mobilizr.net/

Na Mobilizr, você pode ganhar dinheiro com as suas selfies. Empresas pagam para ter a logo nessa que é uma das ações mais feitas pelos seres humanos hoje em dia. #Selfie

PARTE IV

O que são os investidores Seed, Anjo e Venture Capital?

"Não acredite nas pessoas que sonham alto. Elas são mesmo inacreditáveis"

— Lucão

Os investimentos em startups estão começando a ganhar cada vez mais adeptos aqui no Brasil. Ainda estamos bem no início, mas as pessoas já entendem e sabem que essa é uma maneira de alavancar a economia no nosso país. Assim, os investidores acabam por apostar na galera empreendedora, que tem sangue nos olhos para vencer com suas ideias de futuros negócios. Enquanto nos Estados Unidos, por exemplo, já é extremamente normal investir em novos negócios, aqui no Brasil começamos a engatinhar apenas agora.

O novo empresariado já começa a notar que os fundos de investimentos "padrões" não lhe proporciona resultados tão vantajosos assim. Eles até podem ganhar uma certa grana estando mais seguros, mas poderia ser muito melhor, dependendo do tipo de negócio em que se investe, é claro. Então, eles passam a se perguntar: "Por que não investir nesse 'novo universo' também?"

Em vez de colocar todo o dinheiro em poupança e ações ou em outros fundos, o povo brasileiro começa a se arriscar um pouco mais e a querer investir nesses jovens que estão por trás das startups.

Afinal, o que é melhor: estar com o dinheiro ali parado e ter juros mínimos sobre ele depois, ou investir e apostar nos novos talentos que estão dando seu sangue, vida, tempo, dinheiro e energia para que aquele novo negócio venha para o mercado e realmente faça a diferença no mundo?

Algo interessante sobre esses investimentos em startups é que não só se visa o retorno financeiro. Claro, que principalmente aqui no Brasil, esse é o lado que fala mais alto, mas também há a oportunidade de diversificar, conhecer outros ramos de mercado e aprender com a galera jovem novas maneiras de trabalhar. A grande questão é conhecer esse novo mundo e poder participar dele de forma mais ativa, levando isso para dentro de suas empresas.

O universo das startups proporciona ao investidor uma visão totalmente diferenciada do mundo dos negócios e faz ele lidar melhor com a questão do avanço tecnológico, percebendo mais rapidamente as novas tendências e dando inspiração e estímulo para gerar a inovação. Tudo isso faz o investidor querer apostar cada vez mais nesse "novo universo".

Já o empreendedor, quando estiver procurando por investimentos, deve se lembrar que **nunca se trata apenas da grana, mas também de contatos, valores e capital intelectual**. Na verdade, o dinheiro geralmente vai ajudar menos do que esses outros aspectos.

A seguir, você conhecerá as principais fontes de investimentos existentes no Brasil:

Investimento seed

Ele é a semente, algo que ainda vai nascer ou nasceu recentemente. Aqui, as pessoas vão se preparar para transformar uma ideia em realidade e, nesse primeiro momento, os empreendedores vão precisar de apoio para que a mesma ideia possa sair do papel e vir ganhar o mundo.

O investimento seed é caracterizado por alguém que investe na ideia de uma outra pessoa, ou seja, em uma futura startup. O risco aqui é muito maior, pois quem tem a ideia ainda está querendo colocá-la em prática, buscando dar seus primeiros passos, sendo que a mesma pode vir a dar certo ou não. Às vezes, pode nem chegar a sair da cabeça do startuper.

Lógico que eles vão buscar uma pessoa que teve um insight com potencial e que pode vir a transformar isso em bom negócio no futuro, mas a atenção está principalmente na equipe por trás da ideia. Aqui o risco é alto para o investidor.

Investimento anjo

Ele ocorre na fase em que a startup já está no mercado, ou seja, ela já possui uma consistência maior, tem alguns clientes e está próxima ou acabou de encontrar seu modelo de negócio. Então, o investimento anjo vem mais para acelerar o negócio do que para apostar nele.

Os startupers podem alegar aos investidores: "Ó, por enquanto estamos nesse nível, mas, se ganharmos o seu investimento, poderemos melhorar e assim chegar ainda mais longe".

A melhor definição seria a seguinte: o investimento anjo é para a startup se consolidar efetivamente. Aqui já se tem alguns bons clientes e o risco para o investidor passa a ser mediano, e não mais tão alto. Aqui o risco é médio para o investidor.

Investimento de venture capital

Esses são investimentos maiores, específicos para quando você realmente já tem uma excelente base no mercado, com ótimos clientes, e opera com uma grande quantidade de dinheiro. Aqui, na verdade, não se fala mais em startups, pois dificilmente alguém chega nesse patamar com menos de dois anos de existência.

O venture capital é caracterizado por um risco mais baixo, pois aqui você já tem uma operação, já possui uma carteira grande de clientes e o risco agora é do próprio mercado e suas guinadas, as grandes concorrências, mas praticamente não precisa mais provar nada.

Nesse ponto, você já tem como analisar melhor a empresa por seus muitos prognósticos, pois tem em mãos uma série de dados que poderão lhe ser úteis para saber exatamente onde está investindo.

O valor do investimento é muito alto justamente pelo risco ser menor, e a participação do investidor na empresa também é pequena. Isso são transações que ocorrem na casa de um milhão pra cima, dependendo sempre do perfil de cada empresa. Por fim, é muito importante para a pessoa que colocará o dinheiro, notar a velocidade do retorno, ou seja, quanto tempo será necessário para aquele investimento trazer resultado.

Outro ponto é entender que o movimento e o impacto da startup, mesmo que com ganhos irrisórios no momento, poderá ser recompensado no futuro (o que é bem difícil no Brasil). Ou seja, é muito comum os investidores estrangeiros colocarem dinheiro em negócios que estão revolucionando algo e têm muitas pessoas próximas. Existe uma fala tradicional, principalmente no Vale, que reflete bem esse pensamento: "Se preocupe em chegar aos 100 milhões de usuários, e depois pense em como ganhar dinheiro com isso".

Segundo William Draper III, "quando chega a hora de investir em um novo business, o investidor precisa ter certeza que está colocando capital e energia em um grande time. Nada é mais importante que isso. Na verdade, nada é tão relevante."

João Kepler, uma das grandes sumidades no tema de investimentos em startups no Brasil, descreve o que os startupers e investidores estão pensando sobre o assunto:

> *Sempre é muito bom ler o que pensa, porém só a prática é capaz de lhe mostrar como as coisas funcionam no investimento anjo. Há pouco mais de quatro anos, eu me posiciono como investidor anjo no mercado brasileiro. O resultado dessa atividade é um portfólio com mais de 25 startups entre mentoria, investimento direto e indireto via aceleradoras. Além disso, eu participo como conselheiro da entidade Anjos do Brasil, escrevo artigos para colunas de importantes portais, faço palestras sobre o assunto e atuo diretamente na cena empreendedora. Fui finalista do prêmio Spark Awards da Microsoft como Investidor Anjo do Ano em 2013 e 2014, e também fui escolhido pelos empreendedores como um dos maiores incentivadores do ecossistema empreendedor brasileiro em 2013 e 2014. Porém, apesar de toda essa experiência adquirida, eu ainda me considero um aprendiz. Mas, deixo aqui, como contribuição, uma lista de coisas que aprendi no meu dia a dia durante esse período nessa*

atividade. Quem sabe isso possa ajudar investidores iniciantes ou empreendedores que buscam investimento.

Vamos lá:

- *Não é fácil explicar o capital intangível. Startup não é uma palavra de fácil compreensão;*
- *Investir apenas em uma ideia não é mais barato;*
- *É difícil ter retorno do investimento antes de dois anos;*
- *Um plano de negócios bem-feito não é o suficiente para começar;*
- *Só um contrato 'amarrado' com a startup não livra o investidor de problemas judiciais futuros;*
- *Existem centenas de projetos à nossa disposição, mas poucos resolvem algum problema específico ou têm uma boa perspectiva de saída ou retorno;*
- *Muitas vezes, o empreendedor não vai aplicar o feedback do investidor;*
- *O investidor precisa acompanhar de perto e participar ativamente do dia a dia do negócio;*
- *A startup não vai saber vender e faturar sozinha, se o mercado não é tão enorme quanto foi prometido;*
- *A participação no equity da startup não deve ser superior a 30%;*
- *O empreendedor é mais importante que o projeto;*
- *Quanto mais sócios investidores anjo no projeto, melhor;*
- *Sua mentoria vai ajudar muito o empreendedor, e alguns deles valorizam isso mais do que o seu dinheiro;*
- *É difícil fazer saídas no Brasil dos investimentos realizados;*
- *Você deve investir prioritariamente em negócios em que conhece o segmento;*
- *Um anjo pode não conseguir salvar um negócio do fracasso;*
- *Dificilmente haverá múltiplos acima de 8x do valor investido;*
- *A família e os amigos não entenderão o que você faz;*
- *É preciso se relacionar ou ser amigo do empreendedor;*

- *Só internacionalize o mais rápido possível se for pertinente e não forçado, pois o custo é alto demais;*
- *Os empreendedores não entenderão se você não tiver o dinheiro na hora do aporte;*
- *O fundador empreendedor não deve ter pró-labore compatível com o mercado, pois pode fazer falta no caixa;*
- *Você vai precisar de assessoria jurídica especializada no começo;*
- *É preciso aceitar ofertas menores que o valuation atual para sua saída;*
- *Você vai aportar mais do que o valor combinado no início. Vai ter follow on;*
- *A patente do negócio não pode ficar pra depois.*

Enfim, esses são apenas alguns pontos e aprendizados que obtive nestes últimos anos.

Pois bem, investimento anjo é, sim, um bom negócio, mas quero afirmar que, para ter sucesso, é preciso entender e desmistificar vários desses itens, além de ter tolerância de alto risco, uma conta bancária que suporte surpresas, tempo para se dedicar, muita paciência, disciplina, bastante conhecimento, saber vender, estudar e conectar com o mercado, fazer diversificação de portfólio e, claro, experiência.

É melhor ajustar uma ideia com um grande time do que ter uma grande ideia com um time ruim.

O QUE SÃO INCUBADORAS, ACELERADORAS E PARQUES TECNOLÓGICOS?

Esses são três ambientes distintos, onde cada um possui a sua função e assim auxiliam ideias e negócios a ganharem o mundo.

Incubadoras

As incubadoras podem partir da necessidade da própria **cidade**, das **universidades**, de **empresas privadas** ou de **entidades** que fomentam o empreendedorismo, como o Sebrae e outros órgãos. No entanto, o mais tradicional é em universidades.

As incubadoras dentro das universidades possuem a mesma função do investimento seed. Elas vão ajudar a ideia a nascer, usufruindo de um ambiente preparado para isso, como se fossem proteger um bebê, que é a real função de uma incubadora. No caso, aqui, fazem com que a ideia venha para o mundo de forma consolidada, forte e precisa, para mais tarde se transformar em um negócio. A maioria das incubadoras funcionam nesse estilo, de trazer a ideia para o mundo e ver no que vai dar.

Normalmente, dentro das universidades, as incubadoras surgem como um apoio às pesquisas de alunos que tiveram uma boa ideia e gostariam de trazer isso para o mundo em forma de negócio.

Já nas cidades, as incubadoras agem do mesmo modo, mas procuram fomentar mais o empreendedorismo nas pessoas, cedendo um espaço para aqueles que querem tentar. Os municípios geralmente fazem isso na esperança de começar um polo empreendedor e fomentar também a economia local.

Nas entidades, elas também visam fomentar o empreendedorismo e, para isso, disponibilizam ambientes mais planejados, com uma arquitetura legal e bem parecidos com a realidade dos startupers que já trabalham em coworkings, incentivando as pessoas a trocarem ideias e deixando o ambiente mais prazeroso para se trabalhar e assim gerar mais e mais novos empreendedores.

Com relação às incubadoras nas empresas, já é um pouco diferente. As empresas são mais sérias e querem resultados. Por isso, só selecionarão aquelas ideias que realmente terão grande potencial de retorno.

Tirando as incubadoras, as demais sempre vão investir muito na ideia e no ato de inspirar e apoiar aqueles que buscam entrar nesse universo das startups. As empresas, por outro lado, estão com o foco mais voltado aos negócios que podem ir para frente e principalmente nas pessoas por trás deles.

Como a maioria das incubadoras estão presentes em universidades, o nosso foco aqui será nelas.

Um dos grandes problemas sobre incubadoras em universidades, principalmente aqui no Brasil, é o distanciamento entre elas e o mercado. Muitas vezes, os alunos começam a desenvolver suas ideias em pesquisas, as levam para as incubadoras e são orientados apenas pelos seus professores de curso.

Se não todos, a grande parte dos professores vão focar apenas no desenvolvimento do produto ou serviço e vão esquecer da parte mais importante, que é o mercado. Tem gente para comprar isso? Empresas? Elas estão dispostas?

O aluno precisa conhecer o desenvolvimento mercadológico daquilo em que está trabalhando, trocar ideias com profissionais do setor, testar seu MVP e ver se aquilo realmente teria sentido ou não. Enfim, é uma série de coisas que precisam caminhar juntas, e só conhecer o produto não será necessariamente o suficiente.

Por eu ter muito contato com as mais diferentes incubadoras do Brasil, deixe-me contar algo que vejo quase sempre. O aluno entra todo empolgado com sua grande ideia, fica desenvolvendo o produto/serviço durante seis meses a dois anos e, quando sai de lá, não sabe nada: não sabe como fazer, não sabe como vender e não entende o mercado. Assim, todo aquele trabalho acaba sendo perdido não só pelos alunos, mas também pelos professores, por se dedicarem muito ao produto.

Então, o que resolveria isso é a interação maior das incubadoras junto ao mercado. Essa proximidade entre empresários, mentores e pessoas de negócios é o que contribuirá para que o conhecimento daquele aluno possa se expandir e ganhar maior consistência. Ao mesmo tempo em que se trabalha o produto, deve-se também trabalhar com o mercado.

A maior vantagem das incubadoras são os incentivos fiscais, pois as tributações são muito baixas justamente para fazer com que mais ideias venham para o mundo. Além disso, elas possuem várias facilidades e, por isso, estão sempre "protegidas".

Aceleradoras

Elas são muito próximas e, muitas vezes, o próprio investimento anjo. Na verdade, o foco delas aqui é alavancar o negócio, dar um gás no empreendedor que já conseguiu vencer as primeiras batalhas sobre existir um mercado e pessoas que pagariam por aquilo. Nessa fase, o negócio já se encontra no mercado de forma ativa e a aceleradora entra para ajudar a empresa justamente a crescer mais rápido.

A aceleradora faz um investimento financeiro nas startups ali presentes, contando muitas vezes com o apoio dos anjos.

E, apesar de o mesmo investimento não ser tão alto, o que elas mais contribuem aos empreendedores é com relação à sua experiência de ter ajudado muitas startups, de ter os melhores contatos e conexões, e de já ter desenvolvido um bom ambiente de trabalho. Esses fatores costumam pesar mais do que o dinheiro, pois, às vezes, bons contatos, dicas e um ótimo ambiente geram mais retorno.

Grande parte das aceleradoras ajudam o novo empreendedor indicando bons mentores que podem auxiliá-lo a se desenvolver, ajudam a tomar medidas mais rápidas e compartilham experiências de coisas que não deram certo, fazendo o startuper não perder tempo em algo que já se sabe que dará errado.

Enfim, elas direcionam melhor o foco e, quando os empreendedores já estão na fase final de aceleração, eles fazem seus demo days para apresentar seus negócios a um rol de investidores. Com essa ação, as incubadoras fazem com que interessados possam investir mais nas startups que realmente se destacaram, estão prontas e conseguiriam crescer consistentemente se tivessem mais poder financeiro em mãos.

Importante ressaltar: Muitas vezes, anjos são uma das partes fundamentais dentro das aceleradoras, pois acabam entrando junto com a startup, ou a aceleradora os convida para participar de determinado negócio. Nem tanto pelo dinheiro investido, mas por tudo o que eles podem compartilhar com os novos empreendedores, desde apresentar novas conexões, ajudar a melhorar ainda mais a ideia do negócio e apresentar futuros clientes, até dar conselhos, apresentar mentores e oferecer dicas. Enfim, eles apoiam integralmente essas pessoas para deixá-las cada vez mais preparadas para esse crescimento.

Parques tecnológicos

Os parques tecnológicos entram na parte final desse processo, onde as startups deixam de ser algo incerto e passam a ser empresas com grandes potenciais de mercado. A ideia do parque é receber grandes empresas, para que elas possam incentivar a comunidade local ou até mesmo a região a ser um polo ainda mais empreendedor.

Normalmente, essas empresas atraem muito dinheiro, chamam atenção e são um dos pelotões de frente das cidades. Então, como elas precisam de um espaço maior, são encaminhadas para os parques.

Dentro dos parques tecnológicos, só há os melhores (ou pelo menos, deveria ser assim). Alguns possuem foco especifico, mas a ideia principal é que essas empresas que já se consolidaram no mercado possam ficar por lá e assim incentivar outros a fazerem o mesmo e, juntos, aumentar a força empreendedora daquela cidade, estado ou região. Além de, claro, realizarem uma troca de conhecimentos para gerar inovação em novos produtos e serviços. Muitos dos parques tecnológicos são alinhados com as universidades. Assim, eles acabam tendo acesso às diversas pesquisas do meio acadêmico e aos novos conhecimentos.

Sempre existirá interação entre aceleradoras, universidades e parques tecnológicos. Porém, **o maior erro de todos** e que eu faço questão de salientar aqui é o de querer misturar esses ambientes. Não se deve, de forma alguma, tentar colocar uma incubadora dentro de um parque ou até mesmo colocar os polos dentro das universidades, pensando que seu desenvolvimento seria melhor dessa forma. Eles são coisas completamente distintas, e cada um precisa ter o seu próprio ambiente, porque foram feitos para finalidades também diferentes.

Quando cada um ocupa o seu lugar e faz bem a sua função, tanto incubadoras e aceleradoras quanto parques tecnológicos e polos, todos conseguem utilizar o seu potencial máximo. Já misturados, acabam por perder energia de forma desnecessária e focam onde não é preciso.

E digo a você: tem muita gente que faz isso! E é exatamente aqui que está o insucesso deles.

Veja a seguir exemplos simples dos dois maiores erros da atualidade:

- **Colocar um polo dentro de uma faculdade**

  A ideia de um polo é interagir com todos à sua volta, trocar ideias, disseminar e fomentar o empreendedorismo entre as pessoas, enxergar a realidade e os principais problemas da população e trabalhar em cima disso.

  No entanto, quando traz tudo isso para dentro da faculdade, você fica isolado de todos e também dessas oportunidades. Então, como inovará se o seu mundo está restrito ali?

  Os polos são os principais captadores de outros empreendedores e, por isso, precisam de maior flexibilidade e liberdade. Dentro das universidades, eles não farão o seu melhor, pode ter certeza disso. Não existe nenhum polo bom no mundo dentro de uma universidade.

- **Colocar uma incubadora dentro de um parque**

  O parque tem a função de reter os melhores e ter empresas já bem consolidadas no mercado, e não tem de ajudar a criar uma ideia que ainda vai vir para o mercado.

E, quando se faz essa mistura, você tem de analisar a situação de forma ampla para saber se terá de mexer em toda uma estrutura já pronta e que não vai valer a pena, não nesse ambiente que já é de alta inovação e mercado consolidado. A startup iniciante precisa também estar próxima à universidade para desenvolver o seu produto e ter acesso rápido à população para aprender e testar. Quando estão nesses ambientes, elas ficam com viseiras naquilo que já existe dentro das grandes empresas, perdendo a maior essência das startups, que é buscar o incerto. A interação entre ambas é ótima, como foi falado, mas não devem "morar" juntas.

Então, volto a perguntar: **o que é melhor?**

Obviamente, o melhor será sempre cada um ficar no seu ambiente e poder gerar o seu máximo naquilo a que foi destinado, e não ficarem se encaixando um ao outro.

Os ecossistemas que conectam melhor os seus players estarão sempre na frente.

Existe um relatório muito bacana que pode lhe dar uma noção sobre esse universo em: http://www.fundacity.com/latam-accelerator-report-2014.

Você pode encontrar uma lista de aceleradoras e venture capital no final do livro.

AS COMPETIÇÕES E EVENTOS DAS STARTUPS NO BRASIL

Os startupers são a galera que mais gosta de se reunir, trocar ideias e fazer as coisas acontecerem, e o melhor para isso são os eventos e as competições, que se tornam cada vez mais comuns nos dias de hoje.

Os eventos servem para disseminar esse novo conceito, ampliar a visão de mundo das pessoas e instigar ainda mais a criatividade delas. Eles atraem não só os competidores, os investidores e as pessoas experts no assunto, mas também os curiosos para conhecer esse novo mundo onde tecnologia, inovação e ideias estão sempre juntos e misturados.

Eles promovem uma aproximação maior entre os jovens que já estão fazendo a diferença com suas ideias e aqueles que ainda sonham em fazer algo. Aqui, eles possuem a oportunidade de ter esse primeiro contato com as startups.

Muitas pessoas participam pela primeira vez e já saem com possíveis ideias de negócios. Então, além de reunir as pessoas, o que é o foco inicial dos startupers, eles ainda fomentam cada vez mais o empreendedorismo por onde passam.

Normalmente, os eventos e competições possuem diferentes formatos ou estilos e levam as pessoas a terem várias possibilidades, desde aprendizados, o desenvolvimento de um negócio, uma vivência rápida no universo deles, palestras e workshops até competições valendo investimentos maiores. O que mais atrai a galera a esses eventos são as competições. Por isso, elas são cada vez mais utilizadas tanto em eventos pequenos quanto também nos maiores.

Portanto, conheça os eventos mais famosos que acontecem hoje no Brasil. Você pode também algum dia vir a participar deles em busca de inspiração, troca de ideias e networking, e quem sabe não será em um deles que encontrará a sua grande equipe para fazer a diferença em uma futura startup.

Você pode descobrir coisas legais que estão rolando na HackAgenda, Startupi, Circuito de Startups e Meetup.

Hackthons

Esses eventos são mais voltados à criação de um negócio, buscando soluções dentro de um tema ou problema determinado. Eles são mais utilizados por órgãos públicos e empresas.

Por exemplo, uma prefeitura resolve querer encontrar novas formas de tratar a segurança pública. Ela mostra informações e dados sobre o assunto, suas preocupações e afins. Os participantes terão um tempo para criar algo que ajudaria na questão que foi apresentada. Isso tem acontecido com quase tudo: enchentes, economia de luz, educação, saneamento básico, drogas, bem-estar social, etc.

É muito interessante, pois, nesses eventos, diversas vezes surgem coisas boas e negócios realmente úteis para a sociedade, sendo produtivos tanto para a prefeitura quanto para as startups ali presentes. Empresas fazem isso direto também.

Os hackthons são competições, e seus prêmios variam desde valor em dinheiro de 5, 10 ou 15 mil reais, objetos e produtos eletrônicos até acessos e disponibilidade de uso de plataformas premiuns, as quais são muito caras, para que o empreendedor possa utilizá-las por um tempo determinado.

Startup Weekend

Esse já se tornou um evento de destaque e esteve presente em muitas cidades brasileiras. O Startup Weekend é uma marca de um grande evento mundialmente reconhecido, que possui o tempo de duração de 54 horas, começando sempre no final da tarde de sexta-feira e indo até o final do domingo.

As pessoas vão para esse lugar, ambiente ou coworking onde sabem que, durante os próximos dias, terão de trabalhar com afinco, a ponto de desenvolver um business junto a um time de desconhecidos.

No primeiro dia, é apresentado o formato da competição. Após uma dinâmica em que os interessados podem mostrar suas ideias, acontece uma votação para definir as melhores e assim se começa a montar as equipes.

Então, o mesmo grupo passa o fim de semana aproveitando todo aquele tempo para desenvolver a melhor ideia de negócio, e lá eles têm palestras rápidas, mentorias, pessoas que dão dicas e apoio para que a ideia possa fluir melhor. A intensidade e essa característica de várias pessoas, tentando criar algo, gera um ambiente muito gostoso, onde todos podem vivenciar um pouco da realidade de um empreendedor de startup.

É muito cansativo, mas também extremamente proveitoso. Você conhece várias pessoas, troca muitas ideias, interage com a galera e cria uma certa "experiência", acabando, às vezes, por ter uma boa ideia de negócio em mãos. O Startup Weekend[1] acontece no mundo todo, e já ocorreram vários eventos de sucesso no Brasil.

Antes, ele era voltado a qualquer negócio, mas hoje já existem eventos por temas específicos, como games, apps e culinária. Recentemente aconteceu um só para mulheres e outro apenas para pré-adolescentes. E essa é a tendência, isto é, cada vez mais surgirem eventos distintos, com públicos e objetivos variados. A taxa para participação é pequena para o tamanho das experiências que você poderá viver lá. Portanto, vale muito a pena se inscrever.

Segundo seus codiretores, o SW é tão eficiente porque "as Startups só prosperam quando há limitações. Ao se prenderem a essa corrida de um final de semana, as pessoas são forçadas a tomar decisões difíceis e a refinar o problema, a solução e o mercado aos seus núcleos essenciais", o que é essencial para uma startup.[2]

Demo Brasil

Esse é um grande evento que veio do Vale do Silício e está se espalhando para o mundo de lançamento de startups. O grande objetivo é fazer a conexão entre empreendedores, investidores e potenciais clientes. Só para você ter uma ideia, nele já foram lançadas empresas que atingiram patamares incríveis, como SalesForce, Evernote, Waze, e a lista vai longe.

O evento ainda conta com diversas palestras, debates, bate-papos com empreendedores sobre suas histórias, cases e dicas, além de proporcionar rodadas de negociação com investidores.

Chegou a pouco tempo no Brasil, mas mostrou a que veio e promete agitar muito o nosso ecossistema. Para você ter uma ideia, já tem um trabalho de busca e curadoria de startups em todo o território nacional, com encontros em mais de 20 capitais, o que possivelmente só vai melhorar com o tempo.

---

1 O seguinte vídeo pode lhe dar uma boa ideia: https://vimeo.com/32424882.

2 Confira também o livro *Startup Weekend — Como levar uma empresa do conceito à criação em 54 horas*, pela Editora Alta Books, 2013.

Brapps

É o maior evento de conteúdo mobile da América Latina e acontece em Brasília, com muitas startups expostas para mostrarem ao mercado o que estão fazendo de novo. Você pode receber feedback dos clientes, conhecer investidores e fazer networking, além de ficar ainda mais ligado às novas tendências e levar muitos conhecimentos bons para casa.

É um dos principais pontos de encontro das maiores referências de startups no Brasil. O ambiente do evento é agradabilíssimo e está sempre acontecendo algo diferente para fazer a galera interagir.

Campus Party™

Esse é um evento gigantesco e muito esperado pelas pessoas, sendo uma mistura de tecnologia, inovação, criatividade e cultura digital. Aqui rola de tudo, desde competições, workshops, pequenas palestras, exposições e desafios hackthon, além de haver muita gente para trocar ideia dos mais diferentes assuntos. O pessoal acampa lá e faz uma imersão no universo doido da tecnologia. A quantidade de gente que vai à Campus Party é muito alta e não para de aumentar.

Creative Business Cup

Essa é uma iniciativa do governo dinamarquês para fomentar a criatividade em negócios que façam a diferença no mundo, com alto impacto inovador. É uma grande copa voltada aos empreendedores de economia criativa. Normalmente, conta com a participação de empreendedores de 60 países. A versão brasileira contou com um leque top de curadores.

Case

É o grande evento das startups no Brasil, organizado pela ABS. Reúne nomes de referência nacional e internacional para falar dos temas mais pertinentes da atualidade nesse universo. É também o ponto de encontro de grande parte dos apaixonados pelo tema, assim como curiosos e, obviamente, empreendedores. Teve a sua primeira versão em 2014 e foi um sucesso total. Esse é o evento certo para você praticamente respirar startups.

Circuito Startup

Os eventos do Circuito visam conectar os diversos interessados no ecossistema de startups de uma determinada região. Os eventos buscam realizar um networking qualificado e apresentar conteúdos diferenciados para os participantes. Além disso, também existe a oportunidade de fazer cursos sobre o desenvolvimento de startups.

Esses são somente alguns dos eventos mais conhecidos, mas existem muitos outros acontecendo por aí. Uma dica para quem quer ficar ainda mais ligado nesse universo das startups é o app Meetup. Através dele, você fica sabendo de diversas oportunidades e ainda pode se cadastrar em comunidades de startups para saber o que vai rolar. #FiqueLigado

E COMO SÃO AS COMPETIÇÕES?

Atualmente, existem diversas competições. Algumas são voltadas para polos, outras para aceleradoras e investimentos anjo, e ainda outras para fomentar também o empreendedorismo. Cada uma delas vai focar em algo que chama mais a atenção e que será o foco principal de avaliação. Portanto, é bom você ficar ligado!

Competições em polos empreendedores

Para entrar e fazer parte de algum polo, você tem de passar por um processo rigoroso de competição. O primeiro contato normalmente é virtual, em que você se cadastra, coloca a ideia da startup, apresenta sua equipe e aguarda para ver se foi escolhido ou não entre os vários empreendedores do mundo todo.

Passada a primeira seleção, pode haver uma segunda rodada de perguntas e respostas e, para finalizar, é marcado um bate-papo via Skype. Alguns até são pessoalmente, mas, por saber que a grande maioria não teria condições de fazer esse deslocamento apenas para apresentar a ideia, as seleções ocorrem quase sempre de forma on-line.

Nessas competições, são avaliados três itens importantes. São eles:

1. **Equipe:** Quando você tem uma equipe muito boa e uma ideia não tão legal assim, você consegue ir ajustando a ideia junto com o time, transformando ela em algo bom. Então, é muito importante ter uma equipe que se complementa em diferentes habilidades e conhecimentos. Portanto, principalmente para quem quiser levar a sua startup adiante, é necessário focar nisso, pois é o item mais importante;

2. **Ideia:** Para ver se ela realmente tem fundamento ou não. Por isso, deve ser uma ideia diferenciada, com bom mercado e um grande problema a ser resolvido;
3. **Potencial de escalabilidade e crescimento:** É o quanto de potencial a ideia tem para se tornar uma grande empresa. Sejamos francos, é o que os ambientes almejam das suas startups.

É importante ressaltar que, principalmente em competições de polos, eles possuem dois interesses claros, que são o impacto **social** e o impacto **econômico**.

- **Social:** É o quanto as startups poderão impactar à sua volta, desde os negócios em si como também na forma de disseminar e fomentar o empreendedorismo local, incentivando mais pessoas a empreender e correr riscos. Justamente por isso, o perfil delas é tão importante (a maioria dos polos tem esse como o principal fator na hora da seleção);
- **Econômico:** Tem a ver com a startup vingar e poder trazer bons retornos a eles, pois, como já sabemos, esses novos negócios acabam por influenciar muitos fatores à sua volta.

Além do SEED, que já foi citado, também temos no Brasil o Startup Brasil[3], que visa dar apoio financeiro às startups, para que elas possam acelerar e crescer. Ele foca mais no desenvolvimento do negócio do que no impacto social. Também é diferente, pois as startups não ficam todas juntas em um ambiente, desenvolvendo o ecossistema. Elas entram em aceleradoras cadastradas, que ajudam nesse processo de evolução. Quem está na frente é um dos caras mais feras do Brasil em startups, Vitor Andrade. No entanto, até mesmo esse grande talento e sua equipe top não tem conseguido fazer o programa impulsionar como deveria o nosso ecossistema, possivelmente por amarras do governo e algumas questões culturais. Mas, dedos cruzados para avançarmos mais rapidamente.

Competições de eventos que tenham anjos e outros investidores

Eles também vão buscar aquelas startups que já estão no ponto para serem aceleradas. Os critérios serão os mesmos. O foco continua na equipe, na ideia e na escalabilidade. Porém, a diferença está na questão do startuper ser alguém social ou não, que possa impactar o empreendedorismo ou passar despercebido. O grande X é se esse time é bom o suficiente para fazer um negócio prosperar.

---

3 http://startupbrasil.org.br/

Demais competições menores

Essas são mais para disseminar o empreendedorismo e fomentar o conceito de startup. Então, o foco principal é ter uma **ideia** bem embasada e que seja relevante para um problema. Normalmente, isso é visto nos eventos do Startup Weekend, competições em universidades e pequenos eventos que acontecem por aí.

> A cultura começa na mudança da mente e da percepção da sociedade sobre o que são e o que podem fazer as startups.

As principais entidades: Existe um guia no final do livro que comenta as principais entidades de fomento ao empreendedorismo e startups.

COMO AS EMPRESAS ESTÃO LIDANDO COM AS STARTUPS

Se estamos em uma revolução onde as startups estão dominando o mundo, as demais empresas devem ficar muito atentas quanto a isso para não serem massacradas. A galera está realmente fazendo a diferença, correndo atrás e criando negócios cada vez mais incríveis.

Como já foi dito, nenhum business ou mercado está seguro e pode mais ficar tranquilo. De repente, pode surgir uma nova startup com alguma proposta bacana e derrubar grandes modelos sólidos que levaram anos para serem construídos.

As startups estão em diferentes lugares, em todos os ramos, e as empresas também precisam aproveitar essa "onda" para sair do convencional e inovar, rompendo com seus paradigmas e acompanhando esse novo mercado que acaba de surgir.

Justamente pelas startups estarem ampliando as mais diversas concorrências, elas desafiam a realidade e o senso comum das coisas, criando novas tendências. Essa nova forma de contato das startups junto ao mercado acaba, obviamente, por atingir as empresas.

Veja a seguir um exemplo disso:

Vamos pegar o Uber como exemplo, que veio para desafiar a forma de transportes. Estavam todos os taxistas vibrando com o Easy Taxi, 99taxis, Taxijá e outros e vem esses caras. As próprias cooperativas de táxis já tinham sofrido um choque com os apps e agora, ainda mais. Pegue, por exemplo, as impressoras 3D, quando tiverem lugares nas cidades, que façam as impressões, o envio de cargas pode mudar consideravelmente para transportadoras e até os correios, pois serão impressos na cidade e usados entregadores locais. Só que isso está acontecendo toda a hora, em tudo que é lugar e setor.

As empresas devem estar atentas a tudo isso. Devem saber o que está acontecendo e para onde as tendências estão indo, para assim se posicionarem, adaptarem melhor suas estratégias e jogarem no mesmo sentido. Portanto, esse "conhecimento" é completamente decisivo nos dias de hoje.

A forma com que as empresas inovam também mudou. Se antes era praticamente de dentro para fora, agora a situação está emparelhando, pois boa parte está vindo de fora para dentro. Ou seja, elas ainda possuem sua inovação interna, mas também apostam muito forte em fontes externas para atrair essas startups para junto delas e assim se desenvolverem. Algumas empresas fazem desafios e competições, e assim atraem os melhores startupers para os seus ambientes. Agindo dessa forma, as organizações modificam o formato, quando suas inovações ocorrem. Outras vezes, elas simplesmente compram.

Ainda nessa nova realidade, existe a saída de colaboradores que querem montar suas próprias startups para problemas identificados e que não conseguiram resolver dentro da empresa. Agora, eles desenvolvem suas ideias e depois voltam para tentar investimento, ou para vender o negócio.

Esse universo é ótimo para quem sabe como aproveitar; ruim para quem não sabe; e terrível para quem ainda nem se deu conta.

Muitas empresas estão aproveitando essa "vibe" e estão fazendo o seu próprio centro de inovação de startups, construindo os seus próprios polos dentro do seu ambiente. Exemplos disso são a Disney, a Mastercard e várias outras empresas que estão criando programas para atrair os melhores startupers do mundo, que tenham áreas de interesse similares às respectivas empresas.

Claro que é preciso ter vários cuidados para fazer isso, porque existem diversos detalhes que os profissionais devem saber para montar um bom polo de inovação e isso não é para qualquer pessoa.

Não é só chegar e dizer: "Tenho muita experiência em inovação, pois passei grande parte da minha vida trabalhando em P&D". Ou, "eu gosto de novos negócios e, por isso, sou capacitado para ajudar a desenvolver o polo". Sério, não faça isso! #Danger

Normalmente, esse pessoal acredita que é só trazer alguns jovens, dar uma sala e um pouco de dinheiro e pronto — a mágica acontece. Essa combinação dos jovens startupers com a realidade da corporação, seus processos e burocracias, é um trabalho bem interessante e nada fácil de fazer. Muitas das incubações, acelerações e compras acabam não surtindo nem o efeito que poderiam ter, por não possuírem o acompanhamento de profissionais experts no assunto. Infelizmente, acho que isso vai continuar. O problema é que vão culpar as startups e esses jovens doidos, quando, na maior parte das vezes, foi a empresa que não soube se preparar para tal. Todos os polos devem contar com profissionais experts que realmente entendam as necessidades dos futuros startupers, que estarão dentro das empresas.

Recentemente, na XBL, desenhamos um projeto de polo em que as empresas, além de atrair as startups, conseguiam impactar socialmente o ambiente com a educação da comunidade carente para novos negócios, formando novos empreendedores e business que poderiam vir a fazer parte do polo ou, pelo menos, seria uma nova alternativa para as pessoas. É um projeto sustentável muito interessante, que serve para mostrar que as possibilidades são infinitas.

Startups necessitam de ambientes diferentes, que estarão ligados a pessoas de variados perfis. Então, não adianta querer colocar esse pessoal no mesmo lugar das atividades normais, com as mesmas pessoas. Eles podem se confraternizar, e até devem, mas não viver sob o mesmo teto, pelo menos não no início.

Hoje, a relação das empresas com as startups está se dando através da interação e aproximação com essa nova realidade. Praticamente tudo que é criado leva em consideração o que as startups estão fazendo: as montadoras levam em conta o Waze; os telefones, o WhatsApp; e por aí vai. É insanidade total não enxergar e/ou admitir essa nova realidade. Na verdade, é o início da carta de testamento se você não o fizer.

As startups já estão impactando tudo de diferentes formas e em todos os lugares, e vão continuar. Não dá mais para fingir que está tudo igual. A revolução já está sendo realizada, e começou faz um tempo.

Outra coisa legal, que está rolando para aproximar as empresas disso é quando elas contratam profissionais para mantê-las avisadas sobre as possibilidades desse meio, tendências e até levá-las a eventos. Seria alguém responsável por mantê-las sempre próximas a tudo que está rolando nisso – é uma ideia interessante, que tenho visto dar certo.

Em uma conversa com Arthur Rufino (filho do famoso mestre Geraldo Rufino), responsável pela inovação de uma das empresas brasileiras mais admiradas da atualidade — JR Diesel — discutimos algumas ideias interessantíssimas sobre a atual relação das startups com as empresas consolidadas. Entre os principais pontos que as empresas devem estar cientes, estão:

- É muito provável acontecer um choque de informações tanto com os startupers que chegam quanto com aqueles profissionais que saem de dentro da empresa para observar essa inovação externa;
- Será cada vez mais necessário um departamento para ficar de olho nessas oportunidades, trazê-las e fazer essa conexão da empresa consolidada com as startups;
- Existe um desafio muito grande entre equilibrar o incentivo e atenção ao P&D das empresas com as ações para captar startups de fora para dentro. É algo que tem por base a decisão no *feeling*[4] do empresário e sua visão de futuro, e deve estar no *core*[5] das suas estratégias;
- As empresas devem aproveitar essa conexão com os novos empreendedores e aprender bastante sobre sua flexibilidade e velocidade, tomando cuidado para não impor totalmente seu modelo e seus processos, pois seria muito prejudicial à startup.

As empresas estão diretamente ligadas ao movimento das startups. A questão é só se elas usarão isso a favor ou contra seus objetivos.

CHUVA DE IDEIAS

http://www.foodtrucknasruas.com.br/

Quem não ama comer um hambúrguer, um cachorro-quente ou até mesmo o famoso "churrasquinho de gato" na rua? Essa startup mapeia isso para você. #BomApetite

[4] Pressentimento.

[5] Centro.

http://conciliadorvirtual.co/#/

Em vez de usar todos os trâmites da lei e incômodos, por que não tentar se acertar com quem precisa através da web?

http://crowdtest.me/

Você pode testar seus softwares através do crowdsourcing. Acelere o aprendizado do seu negócio e não desperdice dinheiro, tempo e energia.

http://www.divedoo.com/

O lugar certo para você encontrar informações e estabelecimentos confiáveis ligados ao mundo do mergulho.

http://www.evobooks.com.br/

É a forma de ensino moderna para a nossa nova geração. Os conteúdos são em 3D e interativos. Quem não gostaria de ter tido uma aula assim no colégio?

https://www.homestaybrazil.com.br/br

Você encontra casas, quartos e apartamentos para alugar enquanto vai passar alguns dias em uma cidade. Através da hospedagem residencial, você pode ter uma experiência única.

http://laranjasonline.com.br/

O nome já diz tudo: você pode receber as laranjas direto do pé na sua casa. Quer coisa melhor para aquele suco do café da manhã?

http://ledface.com/

O melhor lugar para você soltar uma pergunta e encontrar boas respostas.

DESAFIO DAS STARTUPS

> *"Se você não está errando de vez em quando, possivelmente não está correndo risco suficiente."*
> – Tina Seeling

Desafio – Acordando dorminhocos em 12 horas

Nas próximas 12 horas, você deve descobrir quem são as pessoas que mais sofrem com a questão de acordar cedo pela manhã. Converse com, pelo menos, dez pessoas e descubra por quê elas odeiam tanto isso. O que elas têm feito para lidar com isso? O que as ajudaria (fora poder dormir mais). Explore esse universo. Em seguida, desenhe um Canvas sobre alguma alternativa em que você pensou para ajudá-las.

Envie-o para as pessoas com quem conversou e que mais sofriam com isso e peça apenas críticas. Pergunte se isso realmente resolveria o problema e quanto elas estariam dispostas a pagar, caso você desenvolvesse a ideia.

A intenção deste exercício é notar a velocidade com que conseguimos descobrir informações importantes sobre um determinado nicho e com que rapidez uma ideia pode evoluir para entrar em desenvolvimento.

Desafio – Ousadia do Dumbo

Faça um pitch de, no máximo, 45 segundos, se vendendo para um amigo como manicure de elefante. A ideia é convencê-lo que você realmente tem um trabalho diferenciado e esse é um problema real (lembre-se de dizer que você não está doido e nem bebeu demais; isso é apenas um exercício).

Espero que você explore a sua criatividade para abrir a sua mente e ver que, quando bem estruturadas, até ideias malucas podem começar a fazer sentido. Não tenha medo de ousar. Você pode dar uma olhada no Startup Crazy para se inspirar.

Desafio – Partiu churrasquinho?

Se liga no briefing: "Há alguns anos, eu comecei a fazer churrasco e sempre fiquei curioso sobre as melhores técnicas. Porém, quando aprendi a melhor maneira de fazer, notei que, para melhorar, teria que escolher melhor as carnes e os temperos. Quando comecei a testar diferentes especiarias, entendi quais combinavam melhor com cada tipo de carne e até em diferentes ocasiões. Resolvi criar um tempero único, que fosse um sal, o qual poderia ser usado em carne de frango, gado, porco e cordeiro e deixaria o gosto espetacular. O tempero ficou pronto e enviei a amostra para alguns amigos. Mais de 90% deles disseram ter sido o melhor que já experimentaram. A questão é que não sou uma pessoa de negócios e ouvi falar das startups... Gostaria de saber, o que você faria no meu lugar para montar um negócio estilo startup com essa minha expertise?"

Descreva o modelo de negócio que você criaria no espaço abaixo:

Tire uma foto da sua ideia e compartilhe-a com o mundo para ver o que as pessoas acham.

PARTE V

Os sintomas do empreendedorismo de startups

"Como você sabe se tem o que precisa para lançar a sua própria startup? Não espere ser atingido por um raio. A maioria das pessoas não vão se tornar empreendedores de sucesso porque tiveram uma revelação súbita de uma ideia brilhante para um modelo de negócios."

— Marc Nager, Clint Nelsen e Franck Nouyrigat.
Codiretores do Startup Weekend

É natural as pessoas se questionarem sobre qual é a melhor hora de empreender. Essa pergunta é tanto do universo dos jovens que ainda estão no colégio, passando pelos universitários, até chegar às pessoas que já estão no mercado e até mesmo àquelas que desejam sair dele. Ou seja, todos se perguntam: **qual seria o melhor momento?**

E o mais engraçado de tudo é que as mesmas pessoas ainda dizem: "Eu não estou preparado para empreender". E quem está? Será mesmo que algum dia encontrará alguém 100% preparado para isso? Eu duvido muito.

Realmente, tem horas, situações ou estágios da vida que podem não ser o melhor momento para você empreender. De fato, isso pode estar acontecendo por algum motivo, mas não pode se tornar uma desculpa para o resto da sua vida, concorda?

> *"Vencer sem riscos é triunfar sem glória."*
> – Pierre Corneille

Essa é a ideia principal — não existe hora certa — e isso merece mais destaque para que fique extremamente clara a sua opinião.

Pode ter certeza que jamais existirá aquele momento em que tudo vai conspirar ao seu favor, como o mercado, as pessoas, as ideias e a aceitação para que você enfim possa empreender. Os planetas não vão se alinhar na mesma órbita para que você possa ter essa luz da ideia mirabolante e ficar bilionário da noite para o dia. Portanto, em algum momento, você terá mesmo de se arriscar e pagar para ver. No entanto, eu posso ajudá-lo comentando sobre alguns sintomas que as pessoas normalmente sentem quando estão um pouco mais aptas a empreender.Eu identifiquei três itens que são muito comuns em pessoas que estão botando o pé nessa jornada. São eles:

1. Inquietude e curiosidade

O empreendedor é uma pessoa inquieta, pois não aceita a realidade como ela é. Ele se sente inconformado com alguma coisa que viu, possivelmente se tratando de um grande problema. Então, com isso, ele precisa entender, explorar e ir mais a fundo naquela situação percebida.

Essa inquietude instiga a pessoa a sair de uma "comodidade" e ir em busca de respostas para alguns questionamentos "internos".

É normal o empreendedor notar algo e se perguntar:

- "Por que isso sempre acontece assim?"
- "Por que aceitamos isso?"

- "Será que alguém já tentou resolver isso?"
- "O que seria necessário para solucionar esse problema?"

As ideias começam a ganhar "cara" quando se tornam mais específicas ao problema:

- "Por que desmatar?"
- "Por que as chuvas causam grandes estragos dentro das cidades?"
- "Por que o trânsito sempre é um problema?"
- "Por que a água está acabando?"

Ainda, muitas vezes, essa vontade vem de uma inquietação mais simples, de pensar por quê um processo não pode ser feito de uma maneira melhor, ou por quê existe aquele desperdício terrível, e por aí vai.

São muitos os questionamentos e nos mais diversos âmbitos. Essas perguntas levam a uma vontade cada vez maior de querer desvendá-las. Essa curiosidade é tão forte que desperta uma energia única no empreendedor. Nesse momento vem a...

2. Vontade de explorar

De tanto se questionar, o foco agora é descobrir.

A pessoa fica tão dominada por essa ideia que chega ao ponto de não querer mais ficar ali parada só pensando; ela quer ir atrás, saber mais e entender melhor sobre aquele problema que, em um primeiro momento, chamou muita atenção. É aquele desejo de matar a curiosidade da fase anterior para realmente entender o que está acontecendo ali e por quê as pessoas ainda não fizeram nada para resolver o problema. Nessa busca, algumas pessoas encontram as respostas e sossegam, fazendo com que toda essa inquietude passe.

Já outras, justamente por terem conhecido tudo isso mais a fundo, veem isso como um motivo, quase como um senso de responsabilidade para fazer algo realmente útil com o que sabe e partir logo para a ação.

3. Disposição para correr o risco

Nesse ponto, a pessoa já possui coragem suficiente para querer fazer algo além, mas, ainda assim, tem um pouco de receio e um frio na barriga que causa ainda mais adrenalina de desafiar essa "nova" possibilidade.

Mesmo com tudo isso, a pessoa vai lá se arriscar, não se importando muito com o que é incerto, acreditando que a sua ideia e os seus questionamentos podem fazer com que um grande negócio venha a surgir e, assim, ajudar muita gente na sociedade que está com o mesmo problema.

Empreendedorismo é isso, é você ir lá, meter a cara e, literalmente, se arriscar!

Se ninguém ainda fez, mas você foi curioso o bastante para chegar até aqui, por que não fazer você mesmo? Por que não ser você a fera que vai mudar essa realidade e fazer acontecer?

O startuper se enche de orgulho e pensa: "Sim, poderia ser eu! Quero ousar e me arriscar mais para poder desenvolver essa ideia e trazê-la para o mercado." Aqui, a vontade de ver no que vai dar é maior do que o medo de errar — essa é a energia que o faz seguir adiante.

Então, para saber se você tem ou não o sintoma de um empreendedor, veja a seguir as regras básicas:

- Você fica intrigado com um problema e curioso para ir atrás;
- Tem uma grande vontade de explorar esses questionamentos;
- E, dessa busca, desperta ainda mais a "ânsia" de fazer acontecer.

Parabéns, você é mais um de nós! Bem-vindo ao mundo empreendedor!

O empreendedor é justamente aquele que consegue chegar até essa última fase e bota para fazer.

Então, se, por acaso, você não os tiver, não fique preocupado e assuma uma postura de não empreendedor. Aqui foi comentado apenas um processo bastante comum, mas, obviamente, algumas pessoas empreenderam passando por diferentes estágios. O objetivo é atentar para algo que acontece na maioria das vezes. De qualquer forma, tenho certeza que, agora, você estará mais atento e propício a isso tudo.

No entanto, se você já os tiver, fico muito feliz de saber. Eu realmente espero que você possa fazer coisas grandiosas com o seu talento e que suas ideias possam vir para o mundo fazendo a diferença na vida das pessoas. **#BoraEmpreender**

> *"Não pense demais em como conseguir capital para lançar seu negócio e nem de menos em como ganhar dinheiro."*
> – Chris Guillebeau

Eu pedi para o super Guilherme Junqueira comentar o que ele falaria para uma pessoa que está curiosa sobre esse universo e quer se inserir nele:

"Atualmente, trabalhamos com quatro momentos em uma startup: curiosidade, ideação, operação e tração. Veja a seguir algumas dicas para quem está nas duas primeiras fases (pessoa física), que são o foco deste livro:

- ***Curiosidade** (tenho uma ideia, mas não sei por onde começo) – Quando você descobrir que existe um mundo de informações e conteúdo focado em startups, você ficará perdido, e vai demorar muito para entender o que realmente é relevante e pode ajudá-lo. Não leia os livros de modinha (como Lean Startup e BMGeneration), pois eles vão deixá-lo perdido e fanático por metodologias. Participe de um Startup Weekend perto da sua cidade, monte sua equipe e tire sua ideia do papel em um fim de semana. Garanto que, mesmo que sua "brilhante ideia" morra na segunda-feira, você vai aprender muito mais do que todo esse mimimi e "autocoaching" que existe para "ajudá-lo" a aprender a empreender;*
- ***Ideação** (tenho um MVP, mas não sei o que faço depois) – Agora que você já tem minimamente algo em mãos, foque em validar seu produto com seu público-alvo. Esqueça eventos de pitch, esqueça procurar investidor, esqueça imprensa, esqueça meetups. A minha recomendação é que você procure um programa de capacitação empreendedora ou pré-aceleração, que vá ensiná-lo na prática tudo o que você precisa saber. Depois de passar por esse ciclo de validação, aprendizado e conquista dos seus clientes, você chegará a uma versão ideal do seu produto para fazer um lançamento oficial e, daí para a frente, botar a boca no mundo para dizer que sua startup existe."*

Nos arquivos do grupo "Mundo Empreendedor", há um PDF com uma lista que pode lhe dar uma força – "Apps que podem te ajudar no dia a dia das startups".

O PRIMEIRO PASSO

Depois de percorrer todo esse caminho de sentir os "sintomas", chegou a grande hora de realmente fazer acontecer. Acredito que o primeiro passo depois de sentir o sintoma do empreendedorismo, é escolher as pessoas com quem você gostaria de partilhar da mesma jornada.

Claro que você pode criar uma startup sozinho, mas, como já sabemos, a realidade exige muito do empreendedor. Quando você tem com quem contar, e esse alguém realmente possui o mesmo propósito que o seu, o caminho passa a ser mais divertido, empolgante e menos difícil.

Então, um trabalho em equipe com pessoas que possuem diferentes habilidades, as quais se combinam, faz tudo ficar melhor e, principalmente, acelera o processo, transformando-o em um business, ainda mais rápido.

Se você já tem claro qual o caminho a seguir, agora é a hora de encontrar pessoas que querem o mesmo. Comece a verificar a sua rede de contatos, pessoas conhecidas, amigos, colegas de trabalho e todas aquelas que poderiam se interessar por esse seu propósito.

Eu sugiro que você se pergunte:

- Em quem eu acredito que também possui esses sintomas de empreendedorismo?
- Quem já tem esse perfil empreendedor?
- Quais são as minhas competências?
- Quais são as deficiências técnicas que eu apresento?
- Quem eu já conheço e que pode me completar — na parte técnica e em habilidades comportamentais?
- Quem divide o mesmo senso de propósito que eu?

Caso as pessoas próximas a você não pareçam as mais adequadas para a jornada, não fique preocupado, pois os portais estão aí para isso. O WePinch, a rede social das startups, é uma boa pedida, assim como o LinkedIn e o Facebook. Além disso, também temos os inúmeros eventos que já foram comentados. Para facilitar nas buscas do melhor parceiro ou até mesmo de sua equipe, comece por falar qual é a área de seu interesse e por quê você quer trabalhar com isso. Assim, as pessoas que se interessarem já saberão o que você quer e não perderão tempo. Para buscar os seus melhores parceiros, em primeiro lugar, você tem de saber para onde quer ir.

Eu raramente vejo alguém construir uma startup de sucesso partindo da seguinte situação: "Ok, eu quero empreender e você também. Fechado. Agora, vamos encontrar alguma coisa para fazermos juntos".

Portanto, é melhor começar nos passos certos, desde um problema que lhe intrigou ou despertou a sua curiosidade. Algo que você já saiba um pouco do assunto porque foi atrás, descobriu também algumas coisas e já possui ideias que poderiam dar certo, e agora quer mesmo resolver esse problema.

Com tudo isso, aí sim vai valer a pena se arriscar e ir em busca desse "incerto". Ok, você correrá um grande risco, mas sabe exatamente para onde está indo. A maioria dos empreendedores falham nesse ponto, pois querem fazer algo, mas nem ao menos sabem por onde começar.

Se você já tem um foco, agora é só buscar pessoas que tenham esse mesmo propósito. Lembre-se, o que faz um startuper permanecer no caminho mesmo com todas as dificuldades é um significado maior do trabalho. Quando isso está claro e bem alinhado aos seus objetivos, é o que vai manter sua equipe firme no caminho, independente do que aconteça no percurso.

A grande dica desde o começo é: "Encontre pessoas que já dividam esse mesmo princípio e que tenham conhecimentos e habilidades complementares às suas. Assim, a equipe já começará com bases sólidas para conquistar o mercado".

Os maiores erros nessa escolha são:

- Escolher a pessoa mais divertida e agradável – Você está montando um business, não organizando um churrasco;
- Aceitar alguém por ser seu amigo ou familiar – Novamente, estamos falando de um negócio. A pessoa deve estar lá pelo que ela complementa a startup, e não pela relação que tem com você;
- Acreditar no que lhe dizem sem verificar – Muitas pessoas vão se apresentar como as mais incríveis do universo e ok, podem até ser, mas você precisa checar se isso é só na mente delas, ou se tem sentido e elas são boas mesmo;
- Não entender suas crenças e as respeitar – Como já falamos no tópico sobre cultura, você deve encontrar pessoas que tenham valores similares e vontades próximas. Vai dar problema se você quiser fazer rápido e testar, além de se dedicar full time ao projeto, e o seu parceiro, em contrapartida, quiser fazer tudo perfeitinho e se dedicar apenas no horário comercial.

Esses são os quatro erros mais comuns na hora de começar a buscar sua equipe. Se você quiser, pode baixar o áudio comentado sobre cada um no site do livro.

Tenha em mente encontrar pessoas tão boas ou melhores do que você. Afinal, quem ganha é o time e a startup. Você vai precisar de gente que traga bons questionamentos, faça oposição consistente, resolva problemas e entregue resultados. Quanto mais top forem, maior a probabilidade do seu negócio dar certo.

Jamais deixe de anotar seus insights, mesmo que eles pareçam bobos. Às vezes, bem trabalhados ou com um novo ponto de vista, podem virar grandes negócios.

> *"Um perito é alguém que já cometeu todos os erros que se podem cometer em uma área bem restrita."*
> – Niels Bohr

COMO VOCÊ PODE APRENDER MAIS SOBRE STARTUPS?

Eu já posso até imaginar como você está agora, chegando ao final das páginas deste livro...

Você deve estar pensando: "Que universo fascinante! Eu estou adorando isso! Eu quero mais. Quero poder mergulhar a fundo, conhecer pessoas referências, entender mais e assim poder aprimorar todo esse conhecimento que, a partir de hoje, passa a ser ainda mais relevante." (Na minha mente, pelo menos, você está agindo dessa forma.)

E como fazer tudo isso?

Eu compartilhei aqui no livro o mundo das startups como um todo, mas os complementos agora dependem de você.

Então, para lhe dar um último empurrãozinho e aquela mão amiga, deixo aqui algumas dicas boas.

Em primeiro lugar, tenha muito cuidado ao escolher as pessoas que você vai seguir, acompanhar e ter como referência de agora em diante.

Para a alegria de muita gente, ainda bem que temos hoje no Brasil muitos bons profissionais, os quais realmente trabalham de forma séria e são altamente capacitados para falar com propriedade sobre o assunto. Indico alguns deles: **Gustavo Caetano, Marco Gomes, Guilherme Junqueira, Horácio Poblete, Bernardo de Luna, Edson Mackeenzy, Raissa Klain, Amure Pinho, Felipe Matos, Marcelo Sales, Talita Lombardi, Flavio Estevam, Luiz Gustavo Garrido, Ana Lucia Pedro Fontes, Camila Achutti, Edson Rigonatti, Daniel Marigliano, Matt Montenegro, Samir Lásbeck, Ludmilla Veloso, Alline Jajah, Rosi Rodrigues, Antonio Ventura, Bel Pesce, Juliana Lima, Livia Dutra, João Kepler, Walker Massa, Paulo Veras, Cassio Spina, Ricardo Politi Saulo Arruda, Ederson de Almeida Pedro, Mauricio Centeno, Rafael Duton, Wesley Barbobsa, Tiago Asevedo, Rodrigo Dantas, Vandré Sales, Maurilio Alberone, Tallis Gomes, Tiago Baeta, Arthr Vila Boas, Flavio Augusto da Silva,** entre muitos outros que estão fazendo a diferença por aí.

Esses são somente alguns nomes de profissionais que eu acompanho de perto e sei que realmente amam esse universo, que estão sempre estudando novas formas, impactando muita gente, participando ativamente e fazendo o possível e o impossível para que cada vez mais pessoas possam conhecer melhor o mundo das startups.

Ao contrário deles, tem muita gente que se interessa apenas por um conteúdo e já sai por aí se dizendo especialista no assunto. **Tenha cuidado!** Você pode estar se inspirando em conteúdos vagos e sem consistência. No Brasil, isso é a coisa mais comum de acontecer, tanto na PNL, no neuromarketing e no empreendedorismo quanto também nas startups.

Conteúdos assim são uma grande preocupação minha, e eu gostaria muito que você estivesse atento com relação a isso. E, para alertá-lo, antes de segui-los, vá saber mais sobre essas pessoas, conhecer suas histórias, verificar quanto tempo estudam e trabalham com o tema, quais são suas experiências e o que já fizeram de interessante. Enfim, isso vai ajudá-lo a ter mais condições de avaliar as pessoas que serão suas referências, aquelas que você realmente pode acompanhar e que vai valer a pena investir seu tempo, energia e dinheiro.

Que fique claro que eu não estou dizendo que você não pode aprender com outras pessoas, até porque você vai aprender, sim. No entanto, é muito mais seguro buscar conteúdos e conhecimentos com aqueles que realmente se dedicam e têm mais chance de ajudá-lo, e não colocá-lo em alguma enrascada.

Se você procurar no meu canal no YouTube[1], encontrará um vídeo que eu fiz para dar algumas dicas de como se aproximar de experts. Pode ser interessante para esse momento.

Livros que eu indico para a sua leitura

Listarei a seguir aqueles que eu considero como clássicos das startups e que realmente seriam interessantes para você conhecer.

Já digo que eles são livros mais práticos, que vão lhe ensinar como fazer. Então, eles serão um complemento de tudo o que você já aprendeu até aqui.

Até porque a ideia deste livro foi lhe mostrar uma visão ampla daquilo que ainda não foi dito, e os livros de como fazer já existem aos montes, e tem muita gente infinitamente mais qualificada do que eu para escrever sobre isso.

Os complementos para a sua leitura são:

- **"The Lean Startup" – Eric Ries**

  É o livro das startups mais famoso. Eric é considerado o pai delas e escreveu essa obra obrigatória. Quem não leu não deveria nem poder falar a palavra startup. A maior parte do conteúdo é sobre os tópicos três e quatro da Parte II ("Os cinco passos básicos para criar startups"), só que muito aprofundado. É um ótimo livro.

---

[1] www.youtube.com/user/BrunoPerinMkt.

- **"Business Model Generation" – Alexander Osterwalder**

  É o segundo livro mais famoso sobre startups. Apesar de falar sobre como construir modelos de negócio, é também a base hoje para os amantes do tema. Normalmente, todas as startups têm um Canvas — modelo que você aprende a construir com o livro.

- **"Startup: Manual do Empreendedor [2]" – Steve Blank e Bob Dorf**

  Também é um dos maiores nomes sobre o tema, com dicas cruciais sobre as falhas e os acertos de um grande número de startups. Ele fala muito bem sobre o que você precisa fazer para chegar à escalabilidade no momento certo. É o livro mais completo de todos, com uma abordagem aprofundada sobre como criar uma startup.

Algumas outras dicas excelentes:

- **"A Startup de $100" – Chris Guillebeau**

  Esse acredito ser o livro mais divertido de startups que eu já li. A história é muito interessante, sobre como pessoas transformaram hobbies e descobriram negócios no dia a dia. O foco aqui são negócios pequenos, que começaram com pouquíssimo e foram crescendo, mas alguns preferiram se manter pequenos. Uma leitura divertidíssima e valiosa.

- **"Empreendedorismo" – Marcelo Nakagawa**

  Um dos melhores livros que já li para quem está começando um negócio e não entende nada de empreendedorismo. É o melhor manual para aquela pessoa que está curiosa sobre o tema ou realmente quer começar um negócio e precisa de uma boa base.

- **"The Rainforest: The Secret to Building the Next Silicon Valley" – Victor W. Hwang**

  Sim, é "O CARA" do prefácio. Esse é o melhor livro sobre ecossistemas que existe, partindo de que agora, nesse novo momento da humanidade, com tanto conhecimento e tecnologia, podemos aprender e replicar o que há de melhor em alguns ambientes para a nossa realidade.

Blogs, fanpages e sites interessantes

Eu sempre busco aprimorar meus conhecimentos e, para isso, há alguns blogs que eu considero interessantes. Recomendo sempre ler alguma coisa por lá, pois, além de pegar bastante informação, você poderá ampliar ainda mais a sua visão de mundo.

---

[2] Lançado pela Editora Alta Books, 2015.

Você pode baixar a lista contendo estes blogs e mais dicas de livros no site do livro.

Claro que, se você já estiver acompanhando aquelas pessoas que listei acima (e eu também!), a possibilidade de estar sempre recebendo excelentes dicas é altíssima. Fique atento ao grupo do Facebook "Mundo Empreendedor"[3], que lá eu disponibilizo dicas de livros e resumos com frequência.

Então, espero que você não pare por aqui!

CHUVA DE IDEIAS

https://www.lovemondays.com.br/

É a melhor forma de descobrir a satisfação e os salários nas empresas. Você ainda pode contribuir avaliando as mesmas e ajudando assim os futuros trabalhadores.

https://luz.vc/

É o maior supermercado de planilhas empresariais que existe. Você pode ter uma planilha para qualquer necessidade que precise. Não precisa mais entender dessa ferramenta, apenas compre...

http://www.reduza.com.br/

Não se mate procurando cupons, essa startup faz isso por você. Além disso, encontra as melhores oportunidades de desconto na web.

http://www.meucarrinho.com.br/

Você organiza sua lista de compras com informações das pessoas e ainda pode fazer comparações.

---

3 www.facebook.com/groups/mundoempreendedor/

http://ossos.com.br/

Produz ossos sintéticos para tudo. Olha que demais!

http://www.naoficonafila.com.br/

Você descobre como estão as filas de espera, tanto na questão física quanto em relação a telefones e até on-line.

http://www.ondefuiroubado.com.br/

Saiba um pouco mais dos pontos perigosos e seguros nas cidades brasileiras.

PARTE VI

Um caminho sem volta

"O impossível é só questão de opinião"
— Chorão (Charlie Brown Junior)

E, finalmente, chegamos juntos até aqui. Então, meu querido(a), não adianta ficar aí chateado, bravo, esperneando e dizendo que não quer isso, pois já aconteceu. A revolução está aqui.

Esse é o caminho e é para onde todos nós estamos indo, com relação à inovação, às tendências de mercado, ao melhor uso dos recursos, ao apoio da internet e, principalmente, a todos os outros fatos que foram abordados no livro.

Nada vai voltar a ser como antes!

Não teremos mais a mesma competitividade, as empresas não terão essa visão tão tradicional de antes, o modelo de negócio não será mais sólido como foi um dia. Não fique de olhos fechados e ouvidos tampados para o mercado. Esteja antenado quanto a tudo isso. Esses acontecimentos já estão mudando o nosso futuro e não tem mais jeito... Não cabe a você aceitar ou não.

Quanto antes você entender que o caminho é esse e que não tem mais volta, tanto as cidades, os estados e as regiões, quanto aqueles que realmente já estão desenvolvendo o melhor ecossistema, como incubadoras, polos, parques tecnológicos, empreendedores que se apoiam, incentivo de governo, universidades, empresários e sociedade, enfim, quanto antes todos se conscientizarem disso, melhor será.

Quanto a essa famosa revolução das startups, a primeira coisa que você tem de fazer é aceitar que essa é a realidade hoje. As coisas não voltarão a ser como eram antes — isso é passado. Então, toda essa revolução vai acontecer daqui para a frente de forma ainda mais intensa, pesada e rápida. E, se até esse momento você ainda se manteve um pouco por fora ou receoso do que vai acontecer, essa é a hora de abrir os olhos para o mundo.

Nesse universo de startups, os riscos são iminentes e a tolerância aos erros é o trunfo para não desanimar. Os fracassos são frequentes, mas isso não é motivo para desistir, e sim aprender rápido o que não funciona e focar no que funciona.

Não adianta se fechar no seu universo já conhecido, se esconder atrás de uma sala e de um negócio que hoje você julga como sólido. Vá por mim, amanhã ele pode já não ser mais, porque, de uma forma ou de outra, as startups vão chegar e causar impacto em tudo, e no seu negócio também.

A grande questão é que, estando juntos e acompanhando tudo isso, será possível entender que, mesmo você não querendo as coisas assim, elas mudaram por si só. No entanto, você ainda precisará aprender sobre esse novo universo e interagir com ele. Você precisa estar cada vez mais ligado e entender como tudo está caminhando para, enfim, você se movimentar.

Se você já está conectado com esse mundo, parabéns! Você já está na frente de muita gente e, ao final dessa jornada que percorreu conosco, deu um grande avanço, tendo uma excelente base para fazer o seu melhor. A real mudança e efeito de tudo isso estará nas atitudes das pessoas.

Espero que você venha a utilizar muito desse conhecimento que lhe foi passado e que sirva para acrescentar novas e boas ideias em seus projetos.

Deixo aqui algumas reflexões para você:

- Como você pode colaborar com esses ecossistemas de empreendedorismo que estão surgindo agora?
- O que você já pode fazer?
- Quais pessoas poderiam contribuir para você conhecer melhor tudo isso?
- Como você vai acompanhar essa evolução daqui para a frente?

Já é bom você se questionar sobre todas as perguntas acima, pois tudo vai ser diferente e, quanto mais pessoas puderem colaborar e contribuir para esse novo universo, melhor.

Como eu falei lá no começo no livro, o caminho não tem volta e você não precisa temer quanto a isso. Agora, se não soubesse de tudo isso, aí sim, você deveria estar apavorado. E as pessoas que continuam a pensar que isso é balela são as que deveriam ter mais medo, pois não vai adiantar bater o pé no chão e dizer: **"Não quero isso! Não quero que nada mude!"**

Acorda! Isso já aconteceu!

As startups estão aqui para facilitar a vida das pessoas. Então, hoje, é possível criar vários negócios e novas formas bem mais inspiradoras de trabalho, aumentar a rentabilidade, diminuir custos e mais um monte de benefícios que poderão ser encontrados por meio delas.

Portanto, as startups vieram para facilitar, e não prejudicar. Só se prejudica quem não entende o real potencial delas hoje frente ao mundo. Quem está aí antenado, acompanhando as tendências e de olho em tudo o que está rolando, acaba se beneficiando, e muito, com tudo isso, tanto na vida pessoal quanto na profissional.

Se já sabemos que esse "desafiar o novo" será algo constante no nosso dia a dia e de forma cada vez mais rápida, o jeito é pegar essa "onda" e "surfar". Portanto, sem mais delongas, arrume logo suas trouxinhas, vá combinar seus conhecimentos, se aproxime dos seus parceiros, se prepare e caia de cabeça nesse universo, pois você já está aqui de qualquer forma, então, aprecie esse "novo" mundo.

COMO ME PREPARAR PARA O QUE ESTÁ VINDO

Como dito antes, esse caminho é irremediável e seria bom você começar essa caminhada de um modo muito bem estruturado, para assim, ter um melhor proveito disso tudo lá no futuro.

E a dica aqui é acompanhar esse universo mais de perto por meio de leituras, networkings e palestras, aumentando os seus conhecimentos.

Não deixe de acompanhar os blogs. Lembre-se de dedicar um tempo do seu dia a dia, nem que seja 15 minutinhos, para se atualizar: ver o que está rolando, descobrir onde estão abrindo novos polos, identificar quem está comprando o quê e conhecer os últimos lançamentos. Essa olhadinha rápida fará com que você fique mais informado sobre os principais tópicos daquilo que está acontecendo hoje.

Também recomendo que você comece a acompanhar aquelas pessoas referências no assunto. Como você mesmo viu aqui, algumas participaram de entrevistas, outras feras ajudaram na confecção deste livro (crowdsourcing) e estão também nos agradecimentos da obra. Corra lá para pegar o nome de todas e inclua na lista de pessoas importantes para seguir.

Você pode acompanhar e estar próximo a elas de alguma forma, ver o que estão desenvolvendo e, principalmente, saber suas opiniões sobre os diversos assuntos envolvendo as startups. Com isso, você já seguirá as pessoas certas e os especialistas nessa área.

Comece a segui-las no Facebook e em seus blogs pessoais. A principal e melhor dica que eu poderia dar a você hoje é: mantenha contato com elas, se aproxime desse pessoal e crie um networking, porque, se você estiver próximo a elas, ficará ainda mais por dentro dessa realidade que envolve as startups.

Eu, por exemplo, tenho amigos espalhados por vários lugares e, quando estou visitando as cidades deles, marco um almoço para trocar ideias, interagir e, é claro, também falar sobre o mundo das startups. E eu faço o mesmo em consultorias. As pessoas me contratam apenas para eu poder repassar tudo o que está rolando nesse universo, justamente para poderem acompanhar as novas tendências e não ficarem para trás.

Estou sempre pesquisando e trocando ideias, pois fico curioso sobre tudo, mas esse sou eu. Imagine uma pessoa só para transmitir tudo isso. Não dá, não é? E digo mais, há muitas outras pessoas que têm as mesmas condições de fazer isso, e você também poderá segui-las. Vá até elas.

Para finalizar, um último conselho de amigo: Nunca deixe de se preparar, abra a sua mente e amplie a sua visão de mundo, pois isso contribuirá muito para você começar a desenvolver um perfil mais inovador, mais empreendedor, e assim fazer realmente a diferença também aqui nesse universo.

CHUVA DE IDEIAS

http://www.semsenha.com/

É um jeito de disponibilizar Wi-Fi sem o uso de senha e ainda criar uma forma de comunicação com os seus clientes.

https://www.studay.com.br

Você troca ou vende conteúdos, sejam eles exercícios resolvidos, resumos de livro ou suas anotações.

http://treebos-responsivo.herokuapp.com/

Você compra a plantação de uma árvore e, depois de um tempo, a startup negocia ela para você. Você está praticamente financiando a produção de madeira politicamente correta.

http://truckpad.com.br/

Conecta os caminhoneiros às cargas, auxiliando no processo de logística das empresas e dos profissionais independentes.

http://www.youcast.com.br/

Suas fotos e vídeos podem abastecer os grandes jornais e revistas.

http://www.veduca.com.br/

É uma plataforma onde você pode assistir aulas de diversos cursos universitários espalhados pelo mundo.

http://www.vejamos.com.br/

É um site que disponibiliza dados sobre diferentes assuntos. Eles são retirados das principais fontes de notícia.

http://weheartit.com/

É um lugar onde você pode encontrar imagens que vão inspirá-lo.

http://www.wedologos.com.br/

É uma plataforma onde você pode encontrar profissionais de design que façam trabalhos de acordo com suas especificações. Você manda o briefing e recebe várias propostas.

http://www.wisewaste.com.br/

Desenvolve produtos com a utilização de resíduos como matéria-prima. Busca reciclar qualquer tipo de produto e faz diversas pesquisas para a criação de novas formas de reaproveitamento de materiais.

http://www.seeumorrerprimeiro.com.br/

Se eu morrer primeiro é um cofre digital onde as pessoas deixam alguns de seus segredos e, quando falecerem, esses serão revelados para os amigos e parentes indicados.

DESAFIO DAS STARTUPS

Selecione três startups da seção "Chuva de ideias" e desenvolva um novo modelo de negócio (Canvas) para cada uma (lembre-se de compreender bem o problema e as pessoas).

Mande um SMS para um amigo e peça para ele dizer qual é a pior ideia de negócio que ele já viu. Reflita sobre como transformar isso em uma startup com chances de sucesso.

Pegue uma ideia da gaveta, aquela antiga que você sempre imaginou fazer caso fosse um empreendedor, e faça um Canvas. Em seguida, aplique os cinco passos que você viu na Parte II e veja como seriam em relação à sua ideia.

Agora responda com sinceridade: por que não arriscar?

AS ÚLTIMAS PALAVRAS PARA VOCÊ FAZER A DIFERENÇA

Esse livro tem um único objetivo: fazer a diferença na sua vida. Que você veja o mundo de possibilidades e que também possa fazer diferente, ao deixar a sua realidade mais dinâmica e divertida. E quem sabe apostar em uma ideia com alguns doidos? Eu só espero que não seja mais um livro.

Lembre-se que o empreendedorismo é uma resposta a poder fazer algo melhor, ajudar mais pessoas. Esse é o sentido, não o enriquecimento, a fama, isso não é o fator determinante de realização e jamais será. Não existe nada mais prazeroso do que fazer algo que ajude os outros.

Para isso, gostaria de deixar minhas últimas palavras sobre como você deveria fazer isso, se me permitir é claro — com muita diversão.

Eu não sei o quanto você sabe sobre a minha história, mas entenda que por algum tempo eu praticamente enfiei a cabeça na terra e esqueci do mundo. Praticamente, acreditava que a vida era feita de sucesso com números: quantas pessoas você tinha contato, tamanho do seu público, receita e por aí vai. Uma vida de resultados mensuráveis.

De todas as coisas ruins que isso me trouxe, duas foram as piores: ego e solidão. Quando comecei esse livro, achava que talvez por ser a pessoa mais apaixonada pelo tema, de amá-lo tanto, era possivelmente a que mais sabia. E assim, muitas vezes, pisei na opinião e ideias de outras pessoas —um erro doloroso, ruim e que preciso admitir.

Outra coisa foi me sentir só. Quanto mais buscava o sucesso em ajudar pessoas, criar negócios e tudo mais que estivesse fazendo, mais me isolava. Parecia que minhas atividades não faziam sentido. Qual o preço disso? A minha vida.

Ainda bem que tenho amigos, família e pessoas que me amam, lutando por mim. Ainda bem que a minha curiosidade sempre levou-me a questionar tudo. E, nesse caso, melhor ainda, a mim mesmo.

Ao longo do caminho, me reencontrei, e essas palavras, gostaria de lhe deixar. Eu havia me perdido, não sabia lidar com a dor de perder o meu melhor amigo, ao qual esse liro foi dedicado. Foquei no sucesso como uma forma de esconder a dor e tornar significativo o que acreditávamos.

A questão é que parei de viver isso. O que acreditávamos? Em vivermos como Free LifeStyles. Que sim, era possível ter um direcionamento significativo e persegui-lo de uma maneira divertida. Que cada dia é um presente, e nossa gratitude por isso é aproveitar.

Comecei a me desculpar com várias pessoas, por qualquer situação chata que eu tenha feito e o meu ego ridículo tenha causado (ainda estou fazendo isso). O Bru que adorava ouvir e compartilhar histórias, que acreditava que todos tem uma opinião valiosa, estava voltando. Comecei a me dar conta que quanto mais aprendia, mais parecia não saber, e isso é maravilhoso.

Este livro pode gerar várias discussões, algumas pessoas têm ideias distintas, algumas mais sensatas, outras não. Mas, assim é o conhecimento, debateremos e evoluiremos sempre, enquanto estivermos focados em fazer melhor.

Porém, eu posso lhe dar uma certeza sobre todo o conteúdo que aqui foi escrito, ele contém um amor imensurável. Você pode dizer que não concorda com algo que expliquei, mas a única coisa que você não tem como ir contra é que cada ideia foi pesquisada, pensada e escrita com um carinho estratosférico.

Quanto mais voltava a esse meu Free LifeStyle, mais me importava que simplesmente o livro fizesse diferença, então de todas as revisões, entrevistas, pesquisas, o que fosse, eu queria que tivesse o maior carinho do mundo, para provocar as pessoas a tomar atitudes diferentes, ações especiais que melhorassem o dia a dia.

Como sempre comentei, eu não vim a esse mundo para criar uma grande empresa, na verdade, detesto a operação diária delas. A minha paixão é desvendar conhecimentos distintos, especiais e, com isso, instigar e estimular pessoas. Eu nasci para isso e sinto que não teria como fazer outra coisa. Dessa forma, gostaria de me despedir: com o leitor consciente da loucura que foi escrever tudo isso, participando e evoluindo com o livro. Mas, espero que para você, a caminhada tenha ficado cada vez mais divertida. E acredito que assim deve ser. Termino com uma pergunta que me fizeram, revelando bastante de como tudo foi feito:

"Bru, como você escreve de um jeito que mexe comigo?"

Respondi de uma forma quase automática, porque mexe comigo também. Eu não escrevo, simplesmente, deixo as palavras, ideias e minhas crenças extravasarem da minha mente para o mundo. Eu vou me encantando e colocando o melhor de mim aqui. Eu estava escrevendo um artigo a pouco sobre o tema *"quando encontrei o amor da minha vida".* Citei as músicas de um filme, escutei e chorei igual um bobo, mas notei que esse chorar e a vontade tão grande de elucidar o que sinto e penso, fizeram-me chegar a essa resposta. Em resumo, é assim que eu escrevo: de um jeito simples, acessível e verdadeiro para mim. Por isso, torna-se verdadeiro para as pessoas. Se um dia você ler outro texto meu, saiba que foi dessa forma que fiz o meu melhor para você.

Neste Vibe Free LifeStyle, deixa eu te indicar pessoas que admiro demais e certamente seguiria se fosse você. Profissionais que podem lhe ajudar muito, como me ajudaram: Rodrigo Hernandes, Marc Kirst, Lucas Brandão (Lucão), Eduardo Caetano, Sergio Ribs, Marcus Bernardes, Guto Ferreira, Giorgio e Renato Volonghi, Edu Lyra, Augusto Junior, Marcelo Vieira, Dario Neto, Geraldo Rufino, Bruno Hohl, Larissa Mungai.

Até a próxima (e certamente virá, pois já estou escrevendo muita coisa maneira por aqui). Um abraço de urso, aproveite seu #FreeLifeStyle, faça a diferença e não perca a chance de ser espetacular!

Encontrei o amor verdadeiro, me apaixonei completamente pela vida!

ATÉ BREVE

Esteja entre os primeiros a receber conteúdo exclusivo! Atualmente, eu busco novos conhecimentos e compartilho constantemente. São conteúdos sobre: neuroempreendedorismo, startups, neurociência, marketing, recomendação de ótimos livros, e etc. Para estar por dentro disso tudo, me envie um e-mail e receba a *news* com o que saiu de melhor em cada mês: bruno@xbl.com.br

Livro *A Revolução das Startups* – www.arevolucaodasstartups.com.br

Grupo "Mundo Empreendedor" – https://www.facebook.com/groups/mundo-empreendedor

Free LifeStyle – www.freelifestyle.com.br/

Startup Crazy – startupcrazy.com.br/

XBL – www.xbl.com.br

AGRADECIMENTOS

Se você me perguntasse qual é a parte mais difícil do livro, eu lhe responderia sem sombra de dúvidas: é esta! Pois, ao escrever um material como este, você viveu muitas histórias, conversou com pessoas, aprendeu muito, errou, contou com a boa vontade de alguns e até com as brigas de outros... Portanto, eu acredito que, em qualquer livro, a pessoa que escreve é aquela que apenas juntou tudo, pensou sobre e resolveu passar a mensagem do seu jeito. Mas, o material é de muitos.

Meu maior medo agora é ser injusto. Portanto, meu agradecimento é geral.

Seja como for, se um dia você me criticou, participou de um desafio, respondeu uma entrevista, curtiu uma ideia no Facebook, o que quer que seja... Obrigado, pois tem uma parte sua aqui. Nilma Dias (Ninja) a pessoa que mais me atura e está sempre envolvida nos meus projetos, sem contar que é uma amiga sem igual, Leticia Temp e Larissa Yumi que fizeram as primeiras correções de tudo isso que estava pensando e Alex Born meu grande mentor. Uma galera imensa, cujos nomes você encontra na lista e na fanpage, foram incríveis ao analisarem todo o conteúdo e passarem suas dicas. Então, o que você leu tem muito de todos eles. Por fim, agradeço à galera incrível que respondeu vários dos meus e-mails comentando sobre suas expertises para me ajudar a desvendar esse universo (seus nomes também estão no final). E, principalmente, obrigado a você, que dedicou tempo, dinheiro e energia para entender mais desse universo. Afinal, todo esse esforço feito por tantas pessoas só faz sentido se você aproveitá-lo. #MuitoObrigado #ValeuDemais #TamuJunto #Thanks

Farei apenas uma exceção aos meus pais e irmão. Muitos não sabem, mas eu não tive festa de formatura no colégio, por decisão minha, e na faculdade. No dia da minha formatura, fiz a colação, mas não tive nenhuma comemoração. Minha família teve um problema particular muito sério, e o clima de comemoração simplesmente não existia. Uma das coisas que mais me deixaram triste nisso tudo foi não poder fazer um discurso de agradecimento aos meus pais. Então, nada é mais justo do que fazê-lo agora e eternizá-lo em um livro. Você não faz ideia, porque poucos fazem, mas ser pai de um filho tão agitado e inventivo, não é fácil.

Você deve pensar: "Nossa, que legal! Ele está sempre envolvido em algumas ações, tem uma carreira e conquistou algumas coisas bacanas." No entanto, isso é resultado de muito esforço e envolvimento. Muitas vezes, meus pais tiveram que ver eu dar murros em ponta de faca e aceitar, para o meu aprendizado; outras, tiveram que ver eu fazer péssimas escolhas, mas, mesmo assim, me apoiar; ver eu embarcar em jornadas incertas, perigosas e sem muitas informações, e apenas torcer.

Então, eu digo para você e para eles: eu sei, não deve ter sido nada fácil. Mas, vocês foram demais. Se vocês queriam que eu tivesse uma vida repleta de alegrias e experiências, que pudesse explorá-la ao máximo e buscar a paixão, vocês tiraram dez e estão aprovados com louvor, pois devo isso a vocês. Nunca mediram esforços para ser o meu porto seguro de todas as formas. E nenhuma dedicatória ou até um, dois ou trinta livros inteiros seriam suficientes para agradecer. Porém, vale esse início. Ao meu pai, a pessoa mais humilde, humana e honesta que já conheci, uma referência que eu gostaria ser possível passar ao mundo. À minha mãe, por ensinar sobre o valor de ser uma pessoa batalhadora e defender com unhas e dentes o que é correto e aqueles que amamos. Ao meu irmão, pela autenticidade e parceria incondicional que são únicas entre nós. Amo vocês até o céu ida e volta. À família, como um todo (por ser italiano, você imagina quão grande é), meu carinho especial e muito obrigado.

PESSOAS QUE PARTICIPARAM NO CONTEÚDO DO LIVRO

56 pessoas queridas, amadas, sensacionais, feras que me ajudaram no crowdsourcing e as mais de 300 entrevistadas para este livro.

Alyne Sousa, Bruno Bastos, Caio Pompeu Borges, Carolina Nonato da Silva Novais, Credson Junior, Cristian Ceccin, Edson Luiz, Eduardo Mesquita, Eduardo Santos, Erika Kinjo, Fellipe Dias, Fernanda Bellazzi, Gabriel Araujo, Gabriel Rodrigues, Gabriel Silva, Guilherme Chamom, Guilherme Luiz, Gustavo Petry, João Carlos, João Fonseca, João Kepler, João Paulo Moreira, Judson Max, Larissa Yumi, Laura Cavalheiro, Laura Maluf, Leandro Garcia, Leandro Renê, Leonardo Bastistella, Leonardo Farias, Lucas Obino, Lucas Quinti, Luiz Antonio Dignart, Luiz Henrique Januario, Luiz Phillipp, Marcos Rizzatti, Maria Martha, Morgana Lima, Murylo Peliçaro, Nicolas Vargas, Pedro Lopes Junior, Pedro Paulo Barbosa, Pedro Rizzardo, Pedro Senna, Rafaela Mota, Reginaldo André, Rogerio de Lima, Sabrina Bolson, Simone Assis, Thainá Dalfior Salvador, Thiago Keppe, Thomas Valente, Vanessa Carla, Vinicius Delgado, Vitor Campioni, William Lobo.

EXTRAS

Conheça o nosso dialeto

Aqui serão apresentadas apenas explicações e ideias básicas sobre algumas palavras e conceitos mais usados. Aqueles que tiverem "*" junto ao nome foram apresentados e comentados com mais profundidade ao longo do livro.

Anjo*: Denominação da pessoa que faz o investimento, normalmente financeiro, em uma startup. Porém, também pode contribuir com conhecimentos, conexões e outros.

Aporte: Investimento em uma startup. Comum para comentar quanto ela recebeu de dinheiro ou vai receber.

Benchmark: É o exemplo a ser seguido. Quando alguém ou alguma empresa está mandando muito bem, você pode se espelhar nas melhores estratégias e ações para aprender e usar no seu negócio ou na sua vida.

Boostrapping: Começar você mesmo com tudo o que tem, sem precisar pedir nada a outros. Iniciar o seu negócio usando investimentos de recursos próprios.

Bootcamp*: São programas, cursos ou treinamentos intensivos para ensinar algo. Muito comum para se referir a imersões com objetivo de aprendizado ou para produzir algo.

BP (business plan): Plano de negócio.

Business model*: Modelo de negócio.

Break even (ponto de equilíbrio): É quando você está no zero a zero, nem perdendo, nem ganhando dinheiro, e se mantendo com recursos próprios. Aqui, os custos e despesas são iguais a receita, ou seja, todo o dinheiro proveniente da venda é gasto para manter o negócio.

Breakthrough: É uma grande ruptura, normalmente a quebra de um paradigma ou senso comum.

Canvas*: A mais clássica ferramenta das startups para desenhar o seu modelo de negócio, contando com nove blocos para melhor visualizar a ideia.

Capital de risco: É o dinheiro a ser investido nas startups, mais comum na referência dos primeiros aportes, quando o risco é maior.

Copycat: É a maneira de se referir a uma cópia. Normalmente, é utilizado quando o modelo de negócio foi completamente copiado de alguma outra startup.

Copywriter: É uma técnica (arte) de criar e escrever conteúdos com o objetivo de promover serviços, produtos, marcas, pessoas, etc.

Country manager: O gestor responsável na startup por determinado país.

Crowdfunding*: Quando a sociedade ajuda a financiar o lançamento de algo que a interessa. Normalmente é realizado por plataformas que fazem a captação, mas já existem feiras disso pelo mundo.

Crowdsourcing*: É o nome dado para quando você utiliza a ajuda de várias pessoas, sejam elas externas, clientes, fornecedores ou apaixonados pelo tema, para desenvolver algo que você queira.

Demo day*: Refere-se à apresentação da startup à sociedade, seja ela incubada ou acelerada, ou em algum programa intensivo de desenvolvimento.

Early adopters: Primeiros clientes, aqueles dispostos a testar e utilizar a versão mais simples do seu produto.

Early stage: Indica a fase de início da startup.

Empreendedor serial: Aquele que gosta de abrir várias frentes, não necessariamente todas ao mesmo tempo. Preste atenção nessas pessoas, pois são ótimas para começar negócios.

Equity: Aborda a divisão dos valores da empresa entre fundadores, colaboradores, investidores e afins. Exemplo: “O meu equity é de 20% da empresa X”.

Evangelistas: São pessoas que buscam inspirar as outras sobre um tema ou produto.

Feedback: Comentários e sugestões vindos de pessoas que fazem parte do mercado em que você atua ou clientes que testaram seu produto. Usado para melhorias e análise do produto.

Fórmula de lançamento: Conjunto de ações que potencializam o lançamento de algum produto ou serviço. Melhor exemplo: o lançamento de um filme de Hollywood.

Growth capital: Dinheiro para ser usado na aceleração da startup.

Growth hacking*: Estratégias voltadas para o crescimento muito acelerado do negócio. Seu foco normalmente é usar o mínimo de recursos e obter o máximo de retorno (o sonho do marketing).

Leads: São contatos, pessoas que estão interessadas em você ou no seu negócio, ou seja, são os potenciais clientes, e podem também ser chamados de prospects.

Lean startup ou startup enxuta*: É o conceito mais famoso das startups, para criar e desenvolver startups através do aprendizado rápido e contínuo com foco no cliente. Conceito esse desenvolvido por Eric Ries.

Love money: Dinheiro que você conseguiu com as pessoas que ama, normalmente familiares e amigos próximos. Também quando pessoas que admiram a sua ideia podem investir (nesse caso, o mais comum são as plataformas de crowdfunding).

Monetizar: Como a Startup ganha dinheiro.

MVP (minimum viable product)*: É o mínimo que você precisa desenvolver do seu produto ou serviço para testar o seu business (há um tópico inteiro sobre isso no livro).

Non-disclosure agreement (NDA): É um acordo de confidencialidade para as pessoas terem acesso a informações restritas da empresa e que protege o empreendedor. Consiste em um contrato em que a pessoa não pode revelar o teor das conversas.

Persona: É a descrição do seu público-alvo, como no início do livro, quando eu mencionei quem deveria ler este material. Poderia ser ainda mais específico, citando idade, estilo de vida, crenças e afins.

Pitch*: Apresentação vendedora, matadora, curta e direta. Normalmente tem duração de 30 segundos a até 15 minutos. Existem pessoas que consideram até 30 minutos. Porém, o mais usual é se referir às apresentações de 15 a 30 minutos como speed talks.

Pivotar*: Mudança de direção forte no cerne do modelo de negócio. Pode envolver desde mudanças no segmento de clientes em que se trabalha até mesmo a toda a atuação. Afinal, uma startup deve estar sempre disposta a se adaptar ao mercado se quiser crescer.

Private equity: Investimento mais pesado nas empresas. É referido como o último nível privado antes do IPO (abrir ações na bolsa).

Referral marketing: São estratégias de marketing para incentivar o boca a boca.

Rounds: São as vezes que uma empresa busca capital. Exemplo: "2º round" é a segunda vez que ela vai captar recursos financeiros no mercado.

Seed capital*: Dinheiro semente para viabilizar o início do negócio.

Series A, B e C*: Parecem as rodadas, mas são mais comuns para definir o estilo e tamanho do aporte.

Share: São as partes da empresa, como ações. Seu sinônimo é "equity". Também pode significar "fatia" do mercado. Exemplo: a empresa tem 20% de market share (20% de todo o mercado envolvendo esse setor/serviço/produto).

Tração: É uma forma de se referir a sua demanda. "Estou com uma ótima tração" significa que muitos clientes estão chegando, ou seja, estou atraindo muitos interessados no produto.

User experience ou UX (experiência do usuário): Tudo que é feito para melhorar a navegação (experiência) que o usuário tem com o seu site, portal, app, software, etc.

Validação*: Quando você está testando uma hipótese que tem sobre o seu modelo de negócio.

Valuation: O valor da startup no mercado. Normalmente é usado para demo days e rodadas de investimento e, muitas vezes, é baseado no valor das shares.

Venture capital (VC): É o capital de risco usado para investir nas startups.

Lista de aceleradoras

21212 – Aceleradora do Rio de Janeiro/RJ.

85 Labs – Aceleradora em Fortaleza/CE.

Aceleradora – Aceleradora de BH.

Cietec – Incubadora localizada da USP.

Criabiz – Aceleradora localizada em Sorocaba/SP, São Paulo e Chicago.

Empreendedores Criativos – Programa de formação para empreendedores ligados a arte e criatividade.

Estarte.Me – Aceleradora de startups de tecnologia localizada em Porto Alegre/RS.

Germinadora – Aceleradora localizada no Rio de Janeiro/RJ.

Incubatec – Incubadora localizada em Passo Fundo/RS.

Launch Pad Tech – Aceleradora localizada em Miami/EUA.

Nidus – Aceleradora localizada no Rio de Janeiro/RJ.

Papaya Ventures – Aceleradora multitemática localizada no Rio de Janeiro/RJ.

Project-A – Aceleradora localizada em Recife/PE.

Sinapse da Inovação – Programa da Fundação CERTI de SC para transformação de pesquisas em projetos de negócios.

StartupFarm – Programa de aceleração de startups digitais.

Start You Up – Aceleradora localizada em Vitória/ES.

Supernova – Aceleradora digital de startups.

Syndreams – Aceleradora Economia Criativa e Healthcare em Americana/SP.

Trampolean – Aceleradora localizada em Caxias do Sul.

V.Start – Aceleradora localizada no Rio de Janeiro/RJ.

Wayra – Aceleradora Internacional da Telefônica localizada em São Paulo/SP.

Wow – Aceleradora localizada em Porto Alegre/RS.

Fonte: site da Anjos do Brasil.

Lista de ventures capital

- 500 Startups
- A7 Capital
- Accel Ventures
- Antera
- Arpex Capital
- ASA Ventures
- Astella Investimentos
- Astor Group
- Battery Ventures
- Benchmark Capital
- Bertelsmann
- Bessemer Venture Partners
- Bolt Ventures
- Bozzano
- BR Opportunities
- Brazuca
- Brazil Startups
- BZ Plan
- Confrapar
- CRP
- Cventures
- Demiurgus Participações
- Draper Associates
- Initial Capital
- Inova Ventures Participações
- Inseed Investimentos
- i-Ventures
- Kaszek Ventures
- Kravla Partners
- Lab 22
- Macmillan Digital
- MercadoLibre Fund
- Monashees Capital
- Napkn Ventures
- NDV Ventures
- NH Investimentos
- Otto Capital
- Pitanga Invest
- Qualcomm Ventures
- Redpoint e.ventures
- Ribbit
- SP Ventures
- Thrive Capital
- Tomorrow Ventures
- TOTVS Ventures
- Triaxis

E.BRICKS DIGITAL

E.BRICKS EARLY STAGE

FIR CAPITAL

FLYBRIDGE CAPITAL PARTNERS

FORTIFY VENTURES

FUNDEPAR

GERA VENTURES CAPITAL

IDEIASNET

TRINDADE INVESTIMENTOS

VALOR CAPITAL GROUP

VENERDI

VOX CAPITAL

W7 BRAZIL CAPITAL

WAREHOUSE INVESTIMENTOS

HANDSPRINT CAPITAL

Principais entidades

ABS (ASSOCIAÇÃO BRASILEIRA DE STARTUPS) – No que tange às startups, essa é a nossa maior referência brasileira. É a entidade que auxilia os principais eventos do país sobre o tema, tanto na elaboração da curadoria quanto na questão de atrair o público para o mesmo. Eles são os organizadores do CASE, o grande evento de startups no país. Em seu site, vocês pode ver o Startup Base, que é o maior banco de dados de startups brasileiro, onde é possível encontrar diversas ideias e ter uma noção do panorama atual. Ela é presidida por um dos maiores ícones do assunto no país, Gustavo Caetano, e tem um time de feras guiado pelo Guilherme Junqueira, outro mostro do tema e uma das pessoas mais divertidas do meio que você pode conhecer.

DEMAIS ASSOCIAÇÕES ESTADUAIS — Diversos estados e até algumas cidades agora estão começando a montar suas próprias associações para reunir os interessados no assunto e realizar diversas ações. Normalmente, são formadas inicialmente pela comunidade de startupers e alguns interessados, como universidades e governo. O foco geralmente é desenvolver o ecossistema e realizar alguns eventos.

ENDEAVOR – É a referência global de empreendedorismo. Tem um peso fortíssimo aqui no país, com diversas ações interessantes, e também apoia bastante os eventos. A Semana Global de Empreendedorismo que eles incentivam é sempre muito impactante para o tema e chama bastante atenção para o assunto. Hoje, sua atenção para o empreendedorismo de startups tem aumentado muito, tanto na disponibilização de conteúdo, quanto no apoio às iniciativas existentes.

MEJ (Movimento Empresa Júnior) – Uma das iniciativas mais fortes do país no que se refere ao publico universitário, é responsável por aproximar os mesmos da prática. Normalmente, o processo seletivo bem elaborado acaba captando jovens que realmente querem aprender e fazer a diferença. Eles visam um Brasil empreendedor, mais competitivo, com universidades, governos e empresas melhores; com mais realizadores, em que boas ideias saiam do papel; mais meritocrático, sendo as pessoas protagonistas do seu próprio crescimento. Acreditam que a geração empreendedora que está surgindo e o MEJ são alguns dos fatores mais importantes para empreender essa mudança. Os eventos do MEJ são incríveis e geralmente contam com nomes feras do mercado, que, além de passarem um conhecimento especial para os membros, também trocam experiências com os mesmos. Atualmente, o MEJ tem se voltado bastante para o incentivo ao empreendedorismo, tanto nas iniciativas nas próprias empresas juniores quanto na curadoria dos seus eventos. (Eu sou apaixonado pelos eventos do MEJ. Sempre participo!) Hoje, duas feras, o Vitor Casagrande e o Yuri Pomarole, estão na frente do movimento, e o foco deles em fomentar ainda mais o empreendedorismo jovem é incrivelmente alto.

CONAJE (Confederação Nacional dos Jovens Empresários) – É um dos movimentos de jovens com mais força política no país. Esse movimento tem reuniões frequentes, em que são discutidas iniciativas e necessidades dos empresários no Brasil hoje. Nos eventos, normalmente são definidas ações e posturas que a Confederação deve tomar. Ocorrem algumas palestras, porém o foco maior é no próprio networking entre os membros. O super Fernando Milagres está na frente de tudo hoje.

ARTEMISIA – É pioneira na disseminação e no fomento de negócios de impacto social no Brasil. É uma organização sem fins lucrativos que visa potencializar, capacitar e inspirar talentos e empreendedores a desenvolverem uma nova geração de business que façam a diferença para o bem de um país mais igual.

Sebrae – Dispensa apresentações, não é? Todo brasileiro já sabe do papel do Sebrae no cenário nacional de micro e pequenas empresas. A questão é o quanto ele tem apoiado hoje os eventos e movimento de startups no país. Diversas competições e palestras aconteceram pelo patrocínio do Sebrae, e isso realmente tem ajudado muito. Por diversas vezes, seus líderes falaram o quanto estão atentos e querendo aumentar os esforços em estimular a criação de startups e ecossistemas no Brasil. No entanto, acredito que seria interessante ter mais consultores de origem e experts em startups dentro do seu quadro de profissionais, e não apenas ensinar os mais antigos.

Liga Empreendedora – Existem diversas Ligas de Empreendedorismo em diferentes cidades do Brasil. Normalmente, são formadas por estudantes de universidades que buscam conectar os interessados pelo tema para trocarem experiências e se aproximarem de mentores que possam auxiliar na jornada empreendedora. Na maior parte, o foco está em reuniões de networking e aprendizado. Algumas Ligas fazem eventos para fomentar o empreendedorismo e captar novos membros.

Fundação Estudar – A Estudar fomenta o conceito de empreendedorismo amplo, trazendo a ideia de sermos empreendedores da própria vida. Algumas iniciativas, como Imersão Empreendedorismo, bate-papos on-line com líderes e matérias no Na Prática (portal de carreira), trazem o dia a dia de startups e empreendedores, focando em quem deseja abrir uma startup. Como desejam ajudar o jovem a seguir uma carreira que tem tudo a ver com ele, abordam essa trilha de carreira em tudo o que fazem. Quem está na frente é o Tiago Pizollo.

Junior Achievement – É uma associação educativa sem fins lucrativos que visa despertar o lado empreendedor dos jovens no período escolar. Para tanto, estimula o desenvolvimento pessoal, despertando uma percepção mais adequada e efetiva do mundo dos negócios. Apenas no Brasil, 150 mil voluntários estão envolvidos e mais de quatro milhões de alunos já foram beneficiados. São feitos alguns eventos, nos quais o contato de empreendedores com esses jovens ajuda a inspirar seu espírito empreendedor.

Aliança Empreendedora – Tem por objetivo apoiar organizações sociais, governos e empresas no desenvolvimento de modelos de negócios inclusivos e projetos de apoio a microempreendedores de baixa renda. Visa impulsionar o acesso ao conhecimento, redes, mercados e créditos, para que comecem e desenvolvam seus business.

Entrepreneurs' Organization Brasil – Essa entidade que já está presente em 40 países e tem mais de dez mil membros associados, tem como objetivo aprimorar a conexão entre os empreendedores e fomentar o tema pelos países onde estão. A troca de informações e ideias entre os participantes é um dos maiores propósitos da EO.

Lista de Coworkings

4Legal – Localizado em Brasília/DF.

Ambiente CoNéctar – Localizado em Ribeirão Preto/SP.

Associação Campinas Startups – Localizada em Campinas/SP.

BeesOffice – Localizado no Centro do Rio de Janeiro/RJ.

Berlin.co – Localizado em Campinas/SP.

Bridge – Localizado em São Carlos/SP.

BUCC – Localizado em Pinheiros, em São Paulo/SP.

Casa da Cultura Digital – Localizado na Barra Funda, em São Paulo/SP.

Cia. de Trabalho – Localizado em Belém/PA.

Coworking 1108 – Localizado na Barra Funda, em São Paulo/SP.

Coworking Barreiro – Localizado em Barreiro/MG.

Coworking Offices – Localizado na Vila Olímpia, em São Paulo/SP.

CWK Coworking – Localizado em Belo Horizonte/MG e em São Paulo/SP.

Desk Coworking – Localizado em Belo Horizonte/MG.

Elo Coworking – Localizado em Belo Horizonte/MG.

Espaço Conceito – Localizado em Pinheiros, em São Paulo/SP.

Global Hub – Localizado em Ribeirão Preto/SP.

Guajajaras – Localizado em Belo Horizonte/MG.

Hub Coworking – Localizado em Belo Horizonte/MG.

Iguaçu Coworking – Localizado em Foz do Iguaçu/PR.

Natheia – Localizado no Jabaquara, em São Paulo/SP.

NEX Coworking – Localizado em Curitiba e Londrina/PR.

nós coworking – Localizado no Centro de Porto Alegre/RS.

Office&Co – Localizado na Vila Olímpia, em São Paulo/SP.

Oficina Coworking – Localizado nos Jardins, em São Paulo/SP.

Osmose Coworking – Localizado no Alto da Boa Vista, em São Paulo/SP.

Owzone – Localizado em Bauru/SP.

Place2work – Localizado na Vila Olímpia, em São Paulo/SP.

Plug N Work – Localizado no Brooklin e em Pinheiros, em São Paulo/SP.

Pto. de Contato – Localizado nos Jardins, em São Paulo/SP, e no Centro do Rio de Janeiro/RJ.

Rede Coworking – Localizado em Aracaju/SE.

Sharing E.C. – Localizado em Pinheiros, em São Paulo/SP.

SmartMob – Localizado em Florianópolis/SC.

Space4me – Localizado em Belo Horizonte/MG.

Techmall – Localizado em Belo Horizonte/MG.

The Hub – Localizado na Consolação, em São Paulo/SP.

Tot Coworking – Localizado em João Pessoa/PB.

Tribo Coworking – Localizado no Rio de Janeiro/RJ.

WeCompany – Localizado na Barra da Tijuca, no Rio de Janeiro/RJ.

WeShare Coworking – Localizado em Curitiba/PR.

Fonte: site da Anjos do Brasil.

BIBLIOGRAFIA

ABRAMSKY, Sasha. **A Cabeça de Obama.** Agir, 2010.

ANDERSON, Chris. **A Cauda Longa.** Campus/Elsevier, 2006.

________________. **Makers.** Campus/Elsevier, 2012.

ARGENTI, Paul. **Sobrevivendo na Selva da Internet.** Gente, 2011.

ARIELY, Dan. **Previsivelmente Irracional.** Campus/Elsevier, 2008.

AWAD, Elias. **Nas Asas de um Sonho.** Novo Século, 2013.

BARRETT, Frank. **Sim à Desordem.** Campus/Elsevier, 2013.

BELLINO, Ricardo. **Midas e Sadim.** Campus/Elsevier, 2005.

BENDER, Arthur. **Personal Branding: construindo sua marca pessoal.** HyGrade Editora, 2009.

BERNARDINHO. **Transformando Suor em Ouro.** Sextante, 2006.

BLANK, Steve; DORF, Bob. **Startup: Manual do Empreendedor.** Alta Books, 2014.

BORN, Alex. **Neuromarketing.** Suprema, 2007.

BRANSON, Richard. **Like a Virgin.** Saraiva, 2013.

BROWN, Tim. **Design Thinking.** Campus/Elsevier, 2010.

BYRNE, John. **Empreendedores Extraordinários.** Campus/Elsevier, 2012.

CERBASI, Gustavo. **Mais Tempo, Mais Dinheiro.** Thomas Nelson Brasil, 2009.

CHOPRA, Deepak. **Super Cérebro.** Alaúde, 2013.

CIALDINI, Robert. **As Armas da Persuasão.** Sextante, 2012.

CLASON, George. **O Homem Mais Rico da Babilônia.** Ediouro, 2006.

COLVIN, Geoff. **Desafiando o Talento.** Globo, 2009.

CURY, Augusto. **12 Semanas para Mudar uma Vida.** Academia de Inteligência, 2007.

DEARLOVE, Des. **O Estilo Richard Branson de Gerir.** Gente, 2009.

DINIZ, Abilio. **Caminhos e Escolhas.** Campus/Elsevier, 2004.

DRAPPER III, William H. **O Jogo das Startups.** Campus/Elsevier, 2012.

EAGLEMAN, David. **Incógnito.** Rocco, 2012.

EKER, T. Harv. **Os Segredos da Mente Milionária.** Sextante, 2006.

FERRISS, Timothy. **Trabalhe 4 Horas por Semana.** Planeta do Brasil, 2008.

GALLO, Carmine. **Faça como Steve Jobs.** Lua de Papel, 2010.

GALVÃO, Joni. **Super Apresentações.** Panda Books, 2011.

GLASS, Lillian. **Eu Sei o que Você Está Pensando.** Best Seller, 2004.

GREENE, Robert. **As 48 Leis do Poder.** Rocco, 2001.

GUILLEBEAU, Chris. **A Startup de $100.** Saraiva, 2013.

GUNELIUS, Susan. **Marketing nas Mídias Sociais em 30 Minutos.** Cultrix, 2012.

HSIEH, Tony. **Satisfação Garantida.** Thomas Nelson Inc, 2010.

HILL, Napoleon. **As Regras de Ouro de Napoleon Hill.** Hunter Books, 2013.

HWANG, Victor W. **The Rainforest:** The Secret to Building the Next Silicon Valley. Regenwald, 2012.

INSTITUTO DISNEY. **O Jeito Disney de Encantar os Clientes.** Saraiva, 2013.

JOHANSSON, Frans. **O Efeito Medici.** Best Seller, 2008.

KATZ, Lawrence. **Mantenha o Seu Cérebro Vivo.** Sextante, 2000.

KELLER, Gary. **A Única Coisa.** Novo Século, 2014.

KIM, W. Chan. **A Estratégia do Oceano Azul.** Campus/Elsevier, 2005.

KNAUS, William. **End Procrastination Now!** McGraw-Hill Education, 2010.

KOTLER, Philip. **Marketing 3.0.** Campus/Elsevier, 2010.

______________. **Marketing para o Século XXI.** Ediouro, 2008.

LEMBERG, Paul. **Seja Insensato.** Best Seller, 2009.

LEVITT, Steven. **Superfreakonomics.** Campus/Elsevier, 2009.

LIVINGSTON, Jessica. **Startup.** Agir, 2009.

LONGO, Walter. **O Marketing na Era do Nexo.** Best Seller, 2009.

MAXWELL, John. **O Livro de Ouro da Liderança.** Thomas Nelson Brasil, 2011

MCKENNA, Regis. **Marketing de Relacionamento.** Campus/Elsevier, 2005.

MEYER, Danny. **Hospitalidade e Negócios.** Novo Conceito, 2008.

MLODINOW, Leonard. **Subliminar.** Zahar, 2013.

NAGER, Marc. **Startup Weekend.** Alta Books, 2013.

OSTERWALDER, Alexander. **Business Model Generation: Inovação em Modelos de Negócios.** Alta Books, 2011.

RIES, Eric. **A Startup Enxuta.** Leya, 2012.

ROBBINS, Anthony. **Poder Sem Limites.** Best Seller, 2010.

RUMELT, Richard. **Estratégia Boa, Estratégia Ruim.** Campus/Elsevier, 2011.

UPDEGRAFF, Robert. **Óbvio Adams.** Editora de Cultura, 2004.

RENVOISE, Patrick. **Neuromarketing.** Thomas Nelson, 2007.

ROBBINS, Anthony. **Desperte Seu Gigante Interior.** Best Seller, 2011.

UNDERHILL, Pacco. **Vamos às compras: a ciência do consumo nos mercados globais.** Campus/Elsevier, 2009.

SCHULTZ, Howard. **Em Frente!** Campus/Elsevier, 2011.

SEELING, Tina. **Se Eu Soubesse aos 20.** Da Boa Prosa, 2011.

SEIWERT, Lothar J. **Se Tiver Pressa, Ande Devagar.** Fundamento, 2004.

SENNETT, Frank. **O Negócio do Século.** Best Business, 2013.

SENOR, Dan. **Nação Empreendedora.** Editora Évora, 2011.

SILVA, Flavio Augusto da. **Geração de Valor.** Sextante, 2014.

SINA, Amalia. **O que a Vida Me Ensinou.** Saraiva, 2011.

STONE, Biz. **Um Passarinho Me Contou.** Best Seller, 2014.

TANCER, Bill. **Click.** Globo, 2009.

THIEL, Peter. **De Zero a Um.** Objetiva, 2014.

TROUT, Jack. **Diferenciar ou Morrer.** Futura, 2000.

______________. **Marketing:** Em Busca do Óbvio. M.Books, 2010.

______________. **Marketing de Guerra.** M.Books, 2006.

VADEN, Rory. **Suba a Escada.** Leya, 2013.

VAYNERCHUK, Gary. **Vai Fundo!** Agir Negócios, 2010.

ÍNDICE

A

A revolução, 6
ABS, 161
Aceleradoras, 109
Agentes de mudanças, 95
Ambiente das startups, 21, 73
Anjo, investidor, 103
Arthur Rufino, 120
Ásia, 83

B

B2Blue, 99
Baby boomers, 2
Beer pong, 23
Biz Stone, 28
Blockbuster, xvii
BMG, 32
Box1824, 5
Brapps, 115
Brasil, 85
Buscapé, 23

C

Campus Party, 115
Canvas, 32
Case, 115
Chuva de ideias, 37
Cidades inteligentes, 94
Circuito Startup, 115
Clientes, 41
Clientes-alvo, 47
Cluster, startup, 77
Competições, startups, 112, 116
Comunicação instantânea, 8
Concorrência, 64
Conteúdo dinâmico, 49
Coworking, 24
Crowdfunding, 58
Cwk, 24

D

Demo Brasil, 115
Design Thinking, 36
Downtown Project, Las Vegas, 82
Dropbox, 14

E

Economia, 79
Ecossistema, startup, 71, 80
  falhas, 88
Empreendedores on board, 95
Empreendedorismo, 125
  erros, 132
Empresas vs Startups, 118
Endeavor, 161
Energia e tempo, 44
Entidades, 161

Equipes, 29
Equity crowdfunding, 58
Eric Ries, 31
Erros das startups, 66
Escalabilidade, 47
Eventos, 112

F

Facebook, 60
Fazinova, 36
Free LifeStyle, 9
Freemium, 36, 48

G

Gangnam Style, 48
Geração,
  Y e X, 2
  jovens, xiv
GetNinjas, 15
Governo, 78

H

HackAgenda, 113
Hackthons, 113
Hangouts, 62
Hastag, 7

I

Ice bucket challenge, 48
Ideação, 130
Ideias, 25
  compartilhar, 27
  Chuva de, 37
Inbound marketing, 49
Incubadoras, 107
Instagram, 61
Investimentos, 103

J

João Kepler, 105
Jogos, em escritórios, 23
Jovens, a nova geração, xiv
Junior Achievement, 163

K

Kekanto, 78

L

Lean startup, 31
Lendkey, x
Linkedin, 61

M

Mario Sergio Cortella, 5
Marketing, 49
Mashup knowledge, 29, 51
MeetUp, 116
Meio ambiente, 98
MEJ, 161
Mercado
  dinâmico, 45
  concorrência, 64
Mídias, 93
Mitos das startups, 66
Modelo de negócios, 10

Moovit, 78
MVP,31, 43

N

Netflix, xvii
Nuvens, 14

P

Parque tecnológicos, 107
Passos básicos, startups, 39
PC x PV, 49
Pitch, 63
Pivotar, 46
Popcorn Time, xvii
Potencial de crescimento, 29
  de mercado, 28
Professores, xiv
Prova de conceito, 56

Q

Quase empreendedor, 25

R

Redes sociais, 59
Relacionamento, cliente, 48
Riscos e incertezas, 14
Rock Content, 50

S

Samba Tech, 23
San Pedro Valley, 85
Sebrae, 162
SEED, 85
  investimento, 103
Smart cities, 94
Sociedade, 77
Spark Awards, 105
Startup Brasil, 117
Startup cluster, 77
Startup Crazy, 27
Startup Weekend, 113
Startup X Empresa, 55
Startupers, 95
Startupi, 113
Startups, 10
  incertezas, 14
  sustentabilidade, 15
  risco, 19, 26
  enxuta, 31
  problemas, 41
  marketing, 49
  investimentos, 103
  competições, 112
  desafios, 123
  mitos, 66
  erros, 66
  desafios, 69
  ecossistema, 71
  promover, 56
  propósito, 19

T

Takao Miyata, 96
Taxis, aplicativos, 12
Tim Draper, xi
Tony Hsieh, Zappos, xvi

U

Uber, 119
Universidades, 79
Uri Levine, 54
Usabilidade, 48

V

Vale do Silício, 80
Venture capital, 103
Vibe, 22
Victor W. Hwang, ix

W

Waze, xviii
  Uri Levine, 54
WePinch, 131

Y

Youtube, 62

Z

Zappos, xvi
  lema, 21